Célébration du *cogito*

DENIS MOREAU

Célébration du *cogito*

ÉDITIONS DU SEUIL
57, rue Gaston-Tessier, Paris XIXe

ISBN 978-2-02-149893-6

www.seuil.com

1

La formule

« Je pense, donc je suis. » Pour faire plus savant, on le dit souvent en latin : « *Cogito ergo sum.* » Mais au bout du compte cela donne l'air moins savant que cuistre, dans la mesure où Descartes, l'auteur supposé de la formule, ne l'a jamais écrite exactement ainsi dans les textes qu'il rédigea en latin. Ce ne sont pourtant pas les énoncés authentiquement cartésiens qui manquent : « *Ego sum, ego existo* », soit « Moi je suis, moi j'existe », en 1641 dans la deuxième des *Méditations métaphysiques* (AT VII, 26 ; IX, 19[1]) ; « *Ego cogito, ergo sum* », soit « Moi je pense, donc je suis », en 1644 dans les *Principes de la*

1. Comme le veut l'usage, les citations des textes de Descartes renvoient à l'édition de ses *Œuvres complètes* dite « Adam et Tannery », abrégée « AT », suivies des numéros de volume et de page. On trouvera les références complètes de cette édition dans la bibliographie en fin d'ouvrage.

philosophie (I, art. 7), ce manuel que Descartes publia pour tenter d'imposer sa philosophie dans les établissements d'enseignement ; « *Dubito, ergo sum* », soit « Je doute, donc je suis » (AT X, 523), dans la version latine qui nous est parvenue de *La Recherche de la vérité par la lumière naturelle*, un dialogue philosophique inachevé et de date incertaine ; enfin la formule que la tradition retient le plus volontiers, celle qu'on trouve, en français, dans la Quatrième partie du *Discours de la méthode* de 1637 : « Je pense, donc je suis » (AT VI, 33).

Les spécialistes discutent ferme pour déterminer comment et pourquoi les énoncés de ce qu'on a pris, en substantivant un verbe conjugué[1], la contestable habitude d'appeler le *cogito* varient ainsi en fonction de la nature des

---

1. Jamais Descartes ne parle du « *cogito* » ou du « je pense » comme d'un nom commun. C'est à la fin du XVIIe siècle qu'on a commencé à mentionner le « fameux je pense » de Descartes : l'expression apparaît à plusieurs reprises dans des passages des *Œuvres* du cardinal de Retz relatant des débats entre auteurs cartésiens (voir par exemple *Œuvres complètes*, t. II, Paris, Honoré Champion, 2005, p. 76, 134, 247-248, 495). À la charnière des XVIIIe et XIXe siècles, cette « substantivation » est acquise : dans la *Critique de la raison pure* (1781), Kant analyse le « *Ich denke* », tandis que dans son *Cours de l'histoire de la philosophie moderne* (1813) Pierre-Paul Royer-Collard envisage fréquemment « le *cogito* ».

différentes œuvres de Descartes et du public auquel elles sont destinées. Indépendamment de ces interrogations érudites, ce ne sont pas les sujets d'étonnement qui manquent. On pourra d'abord trouver surprenant qu'un auteur réputé aussi rigoureux que Descartes semble faire bon marché de l'exactitude de l'expression et des lois du raisonnement, jusqu'à considérer comme équivalents des termes ou des tournures à l'évidence distincts : passe encore qu'« être » et « exister » soient apparemment regardés comme interchangeables, mais on voit mal de quel droit tenir pour identiques « penser » et « douter » (je pense/je doute, donc je suis). Pourquoi certaines formules font-elles référence à l'activité de l'esprit appelée « pensée » et d'autres pas ? Et pourquoi ce *cogito* se présente-t-il parfois sous la forme d'un raisonnement en forme de déduction (je pense, *donc* je suis) et parfois comme la simple juxtaposition de deux propositions (je suis, j'existe) ?

Dans sa pure, simple et limpide formulation, indépendamment de tous les questionnements approfondis et techniques dont il pourra être l'objet, le *cogito* déjà donne à penser.

2

Un énoncé *populaire*

Le dernier sujet d'étonnement vient de la consécration réservée par la postérité à une affirmation d'apparence si banale. « Je pense, donc je suis » : la belle affaire ! a-t-on envie de dire. Cela va de soi. Et pourtant, peu d'énoncés philosophiques ont suscité autant de commentaires, de reprises, de discussions et de réfutations, au point que donner son avis sur le *cogito* semble être devenu un passage obligé pour les successeurs de Descartes : depuis 1637 et la parution du *Discours de la méthode*, il n'est guère de grand philosophe qui ne se soit essayé à cet exercice. De façon plus frappante encore, le *cogito* est un des rares – sinon le seul – énoncés de philosophie à avoir échappé aux spécialistes pour devenir réellement *populaire*. Chacun le connaît et se l'est approprié à sa façon, comme en témoignent les calembours et variations plus ou moins réussis qu'on peut glaner au détour des conversations de bistrot, des repas de famille et des sites Internet. Ainsi, le bricoleur dit : « Je pince » ou « Je ponce, donc je suis » ; le garçon de café : « J'éponge, donc j'essuie » ; l'infirmière : « Je panse, donc je suis » ; les Shadocks : « Je pompe, donc je suis » ; le *clubber* : « Je danse, donc je suis » ; le savant fou : « Je pense, donc je nuis » ; le rôtisseur : « je pense, donc je cuis » ; l'intellectuel trop sûr de lui : « Je pense, donc on me suit » ; le paranoïaque : « Je pense qu'on me suit » ; le joueur de poker : « Je passe ou je suis » ; l'obsédé sexuel : « *Coïto ergo sum* » ; l'amateur de contrepèteries : « Je pense, donc je boude. » À Nice, au fronton de toilettes publiques, l'artiste Ben a écrit : « Je pisse, donc je suis. » Etc.

Jusque chez ses plus éminents représentants, la variété française contemporaine n'est pas en reste. Dans « Les choses », le grand poète Jean-Jacques Goldman écrit ainsi :

Je prie les choses et les choses m'ont pris
Elles me posent, elles me donnent un prix
Je prie les choses, elles comblent ma vie
C'est plus « je pense » mais « j'ai » donc je suis.

Quant à l'immense Olivia Ruiz, en des vers d'une perfection formelle pour ainsi dire mallarméenne, dans la chanson qui constitue sans doute l'acmé d'une carrière à bien des égards admirable, « Mon corps mon amour », elle propulse le *cogito* sur des sommets érotiques que le père fondateur de la philosophie moderne lui-même n'avait probablement pas envisagés :

Mon corps s'engourdit mon amour
J'appelle tes sens en dernier recours
Pas un credo, plus que l'envie
Je baise donc je suis.

Toute plaisanterie mise à part : si mirlitonesques soient ces vers, il s'y passe quelque chose qui mérite attention. Vous en connaissez beaucoup, des citations de Platon, Aristote, Kant, Hegel, Bergson et *tutti quanti* qui, plus ou moins heureusement retravaillées et pétries, passent à la radio et sont fredonnées par tout un chacun dans sa salle de bains ?

Cela tient peut-être au fait que j'ai passé une bonne partie de ma vie dans des universités, lieux propices à leur floraison : les graffitis me fascinent. Bien sûr, il en est de fort laids et vulgaires. Mais parfois ils sont inventifs, explosifs, astucieux, drôles, et participent à la création de quelque chose comme une poétique de la ville. Et en matière de référence au *cogito*, l'univers du graffiti est foisonnant. Qu'on en juge plutôt par ces quatre succulents exemples[1] :

De nos amis soiffards :

1. Je suis bien entendu à la recherche d'autres illustrations pour compléter ma déjà riche collection ; qu'on n'hésite pas à me les signaler, comme d'ailleurs toute autre remarque sur ce texte, à l'adresse suivante : denis.moreau@univ-nantes.fr.

Avec sans doute une ironique nuance contestataire de notre société d'hyperconsommation :

Enfin, davantage dans l'esprit frondeur si caractéristique des sympathiques chahuts estudiantins, un slogan qu'aurait pu faire sien le jeune Descartes, avec son côté sale gosse/cryptopunk lorsqu'il raconte dans les deux premières parties du *Discours de la méthode* comment, au sortir de ses études, il rejeta l'enseignement de ses maîtres (cette photo a été prise sur le campus de l'université où j'enseigne, ce qui manifeste que mes savants cours sur Descartes ont peut-être porté de beaux fruits !) :

Le style de ce « On pense donc on ne vous suit plus » (lettres noires inscrites sur des feuilles blanches) est clairement celui des collages féministes qui fleurissent sur nos murs depuis 2019. On peut penser que Descartes, qui publia le *Discours de la méthode* en français afin que « les femmes [alors généralement privées de l'apprentissage du latin, la langue des "doctes", c'est-à-dire à l'époque presque exclusivement des hommes et très souvent des ecclésiastiques] pussent aussi y entendre quelque chose[1] », qui entretint une longue et belle correspondance avec la princesse Élisabeth de Bohême, en laquelle il voyait la plus perspicace de ses lecteurs, qui inspira enfin

1. Lettre au P. Vatier du 22 février 1638, AT I, 560.

l'important mouvement féministe des « précieuses[1] », on peut penser que Descartes, donc, souvent un peu vite tenu pour le prototype du vieux mâle blanc occidentalo-patriarcal, n'aurait pas désapprouvé d'être ainsi *féministement* récupéré.

Certes, dira-t-on, mais c'est que Descartes est notre philosophe national. Tout cela relève au mieux d'une sorte de sport hexagonal, d'une expression de pure franchouillardise quelque peu dérisoire à l'heure de la mondialisation triomphante[2]. Que nenni ! Détrompez-vous, mesdames et messieurs ! Le phénomène est d'ampleur planétaire. Qu'on en juge plutôt.

---

1. On connaît aujourd'hui surtout les précieuses par Molière, qui fit son métier d'auteur satirique en s'en moquant dans *Les Femmes savantes* et *Les Précieuses ridicules*. Mais ce mouvement « précieux » fut un jalon important dans l'histoire de l'émancipation des femmes. Et dans *Les Femmes savantes* Molière prend acte du succès de cette entreprise cartésienne en rédigeant la tirade bougonne de Chrysale sur ces femmes qui se consacrent désormais à la philosophie (acte II, scène 7) et en faisant parler ses héroïnes avec les mots de Descartes (acte III, scène 2).

2. Sur la place très spéciale, et jamais démentie depuis 1637, de Descartes dans l'imaginaire français, voir François Azouvi, *Descartes et la France. Histoire d'une passion nationale*, Paris, Fayard, 2002.

Pour demeurer tout d'abord dans le cadre de la francophonie, voici la photo, prise dans un abribus en Suisse, d'une publicité (par ailleurs assez mauvaise) pour une boisson localement prisée :

Mais le phénomène se développe bien au-delà de l'aire francophone.

Il existe en Croatie une chaîne de vente de cafés nommée « Cogito Coffee ».

À Rome (!), dans une boutique de souvenirs non loin du Vatican (!!), j'ai trouvé ce « magnet » parmi d'autres portant des inscriptions latines célèbres (*Carpe diem, Veni, vidi, vici*, etc.) :

Si quelqu'un parmi vous, estimés et érudits lecteurs, peut m'expliquer le rapport entre le *cogito* et le *Senatus populusque romanus*, je suis preneur ! Mais enfin, le fait demeure : on en parle jusque dans les attrape-touristes vaticans, tandis que dans cette même ville de Rome, en 2017, on jouait une pièce de café-théâtre abordant les répercussions de la digitalisation accélérée de nos vies et intitulée *Digito ergo sum*.

Barbara Kruger (née en 1945) est une artiste conceptuelle américaine renommée. L'une de ses œuvres les plus connues est intitulée *I Shop Therefore I Am*. Wikipédia lui consacre une notice et la présente ainsi : « C'est une critique violente de la société de consommation. Dans cette œuvre [Barbara Kruger] emprunte les codes de la publicité pour mieux les bousculer : nombre limité de couleurs (rouge, blanc, noir, différents tons de gris), visuel simple et slogan qui accroche et interpelle l'œil du spectateur. Le slogan "J'achète donc je suis" implique que l'existence humaine se juge à son aptitude à consommer des biens et amène le spectateur à réfléchir à ce qu'il est. Pour Descartes, c'est le fait de penser qui nous fait prendre conscience de notre existence ; Kruger, quant à elle, veut montrer qu'à notre époque c'est notre "faculté d'acheter, à consommer qui nous donne une identité". »

En octobre 2001, la société Apple présenta un baladeur numérique nommé iPod. L'événement fit grand bruit et l'hebdomadaire américain *Newsweek* (à l'époque le plus lu au monde) lui consacra cette couverture :

Voici, pour les amateurs de mathématiques et de logique formelle, un jeu de mots qui ne fonctionne qu'en anglais (Leonhard Euler a inventé le symbole « i » pour représenter $\sqrt{-1}$; dans l'univers anglo-saxon, le symbole « $\therefore$ » est couramment utilisé en mathématiques pour signifier « par conséquent ») :

$$\sqrt{-1} \text{ think}$$

$$\therefore$$

$$\sqrt{-1} \text{ am}$$

2019 vit la consécration de la jeune chanteuse pop américaine Billie Eilish : elle reçut de nombreuses récompenses au titre de « meilleure artiste de l'année ». Parmi ses chansons les plus diffusées figure le titre « Therefore I Am », sorte de manifeste où cette jeune femme proclame sa liberté et son désir de s'affirmer devant ceux qui cherchent à la rabaisser ou à entraver son chemin. En voici le refrain, dont je suis en mesure de confirmer, après de périlleuses expériences, qu'une fois qu'il commence à vous trotter dans la tête il est difficile de l'en faire sortir :

> *I'm not your friend or anything, damn*
> *You think that you're the man*
> *I think, therefore, I am.*

Dans un registre plus sombre, j'ai rencontré un jour un réfugié syrien, dentiste de formation. Ayant tout perdu dans la guerre civile qui ravageait son pays, menacé de mort, il avait fui sa ville, Homs, et était arrivé en France au terme d'une de ces effrayantes odyssées migratoires devenues hélas si communes. Son français était très approximatif, son anglais rudimentaire, la conversation n'était pas facile. À un moment il s'enquit : « Quoi métier de toi ? » Je lui répondis en français, il ne comprit pas ; je risquai : « *I'm a philosophy teacher* » et alors un grand sourire éclaira son visage, en même temps qu'il s'exclamait : « Ah ! Philosophie ! C'est Descartes, *Cogito ergo sum !* » – puis il me calligraphia le *cogito* en arabe.

Il se passe décidément quelque chose de très spécial : de Zagreb à Rome, des Amériques à la Syrie, la planète entière semble en voie de cogitalisation.

Signalons simplement pour conclure ce défilé de *cogito* protéiformes que la pandémie de Covid-19 et l'utilisation massive du logiciel de visioconférence Zoom qui s'ensuivit ont elles aussi – mais, après tout cela, est-ce vraiment une surprise ? – connu leur prolongement cartésien *via* un détournement qui a largement circulé sur les réseaux sociaux :

*

Quelle richesse ! Quelle extraordinaire profusion ! Devant une telle accumulation de reprises, de gloses, de détournements, on peut être pris d'une nausée analogue à celle qui saisit les héros du *Bouvard et Pécuchet* de Gustave Flaubert au terme de leur tentative d'apprentissage de la philosophie : « Je n'en veux plus ; le fameux *cogito* m'embête » (chap. VIII). Ce serait dommage. Il faut plutôt considérer derechef qu'on est ici face à un phénomène sans équivalent dans l'histoire de la pensée : un énoncé technique de philosophie est devenu mondialement populaire. Insistons sur le *sans équivalent*. D'autres propositions philosophiques ont certes elles aussi accédé à une forme de reconnaissance publique, comme le *Carpe diem* des épicuriens, ou encore le « Ce qui ne me tue pas me rend plus fort » de Nietzsche (*Le Crépuscule des idoles*, « Maximes et pointes », § 8) depuis qu'il servit au début des années 1980 d'*incipit* à un fameux navet hollywoodien, *Conan le Barbare* (John Milius). Mais la célébrité de ces propositions demeure bien moindre que celle du *cogito*, et surtout elles sont dans la quasi-totalité des cas citées telles quelles, sans modifications, sans ce travail de détournement et d'appropriation qui fait le sel de la plupart des exemples qui viennent d'être donnés et qui finit par conférer au *cogito* une vie propre dans l'univers de la pop culture.

Dans l'*Éthique*, Spinoza explique que, lorsqu'on s'intéresse à une réalité *x*, la première question à se poser à son sujet est : « Que peut *x*, quelle est sa puissance ? » Dans cette optique, il faut admettre que le *cogito* est un énoncé exceptionnellement *puissant*.

Pourquoi en est-il ainsi, comment expliquer le destin planétaire de ces quelques mots avancés il y a bientôt quatre siècles dans des textes que plus personne ou presque ne lit ?

Une première explication réside sans doute dans le fait que, surtout sous sa forme latinisée *Cogito ergo sum*, le *cogito* réunit, formellement parlant, toutes les caractéristiques pour devenir ce qu'on appelle aujourd'hui un « mème » : l'idée exprimée semble intuitivement juste ; Descartes emploie une structure logique universelle, « X donc Y » ; la concision de la formule favorise la mémorisation ; ses propriétés sonores et rythmiques – une assonance en /o/, une quasi-allitération entre les consonnes vélaires /k/ et /g/, une absence de groupes consonantiques difficiles à prononcer, des voyelles très fréquentes dans les langues du monde, une formule rythmique en six syllabes doublement ternaires aisée à reproduire – concourent à sa diffusion ; enfin, citer Descartes en latin confère au locuteur une implicite distinction culturelle, un statut de personne cultivée, le détournement de la formule montrant de plus qu'on a de l'esprit.

Mais si cette structure de mème constitue sans doute une condition nécessaire au succès du *cogito*, elle n'est pas suffisante. *Mutatis mutandis*, d'un point de vue sonore et rythmique, un énoncé comme « Amstramgram, Pic et pic et colégram » possède à peu près les mêmes propriétés que le *cogito*. Or je n'en ai jamais entendu parler au Vatican ni en couverture de *Newsweek* et il n'a pas, pour autant qu'on le sache, fait l'objet d'une kyrielle de thèses érudites et de savants articles dans les revues spécialisées en philosophie. Dans le *cogito*, on trouve quelque chose de plus : une force intellectuelle, la prétention à véhiculer une vérité philosophique de la plus haute importance. Et je crois qu'ici, comme en bien d'autres domaines, il faut faire confiance à la sagesse du monde : c'est aussi cela, le caractère intellectuellement exceptionnel de cette proposition, qu'entérine sa consécration populaire. Tentons donc à présent de saisir les raisons de ce destin singulier.

3

Un « livre dont on est le héros » : les *Méditations métaphysiques*

Un facteur, parmi d'autres, a contribué à rendre difficilement perceptible l'originalité de cet énoncé essentiel du cartésianisme : le fait qu'on en prenne généralement connaissance dans la présentation donnée par le *Discours de la méthode*. Ce *Discours* de 1637, le premier texte publié par Descartes, constitue un ouvrage innovant et séminal, ne serait-ce que parce qu'il est le premier *grand* texte de philosophie paru en langue française[1] et aussi parce qu'il représente, après les *Confessions* d'Augustin et les *Essais* de Montaigne,

1. Mais, contrairement à ce qu'on dit souvent, le *Discours de la méthode* n'est pas le *premier* texte de philosophie écrit en français : c'est déjà le cas, entre autres, de la *Dialectique* de Pierre de La Ramée en 1555 et du *Cours de philosophie* de Scipion Dupleix en 1610. Dans un autre registre, les *Essais* de Montaigne commencent à paraître en 1580 et *De la sagesse* de Pierre Charron date de 1601.

une scansion essentielle dans l'histoire d'un genre littéraire appelé à un bel avenir : l'autobiographie intellectuelle. Mais dans son volet doctrinal, et aux yeux de Descartes lui-même, ce n'est pas un livre qui expose et justifie de façon détaillée des thèses d'ordre philosophique ou scientifique. Il s'agit plutôt d'une sorte de prudent ballon d'essai, ou, si l'on veut, de copieux prospectus destiné à rendre désirable la grande œuvre qu'il annonce et qui était alors encore à venir. Comme dans un prospectus, et comme souvent les philosophes dans leur premier grand ouvrage[1], Descartes dit tout, et de façon presque haletante, comme s'il y avait urgence à faire enfin connaître les résultats auxquels il est parvenu : les thèmes et les propositions se succèdent à vive allure, et on retrouve ainsi dans le *Discours* les thèses essentielles du cartésianisme. Mais les détails, les nuances, les explications même, sont souvent remis à plus tard. En conséquence, il ne faut surtout pas perdre de vue que les parties théoriques du *Discours* sont avant tout des résumés, c'est-à-dire des présentations condensées, voire sommaires, de thèses bien plus précisément exposées dans d'autres œuvres à venir de notre philosophe :

1. Qu'on pense à *De la recherche de la vérité* de Malebranche, ou à la *Phénoménologie de l'Esprit* de Hegel.

ainsi, par exemple, de la célèbre autant que lapidaire (quatre courtes règles !) « méthode » de la Seconde partie qui renvoie aux développements beaucoup plus substantiels du texte intitulé *Règles pour la direction de l'esprit*, paru seulement après la mort de Descartes. Le lecteur désireux d'étudier la philosophie de ce dernier devra donc prendre garde à ne pas chercher dans le *Discours* plus ou autre chose que ce qu'il peut y trouver : c'est un ouvrage commode pour prendre contact avec les principales thèses de cette philosophie, mais qui ne permet en aucun cas de les approfondir et de comprendre tout ce qui les justifie. Et la nature même de ce texte, son caractère d'abrégé, favorise ainsi la réduction du cartésianisme à une série de stéréotypes dont on peine à percevoir l'originalité.

Une fois lu, ou relu, le *Discours*, il faut donc, pour saisir la richesse, la complexité et l'actualité de la pensée de Descartes en général et du *cogito* en particulier, se tourner vers ses autres ouvrages plus techniques et plus développés, ceux que le *Discours* abrège ou annonce. C'est le cas avec la métaphysique ou « philosophie première » synthétisée dans sa Quatrième partie, et présentée de façon développée dans les six *Meditationes de prima philosophia* parues en 1641 et plus connues sous le titre de leur traduction française (1647), les *Méditations métaphysiques*[1]. Non seulement ce texte exigeant, parfois difficile et toujours nourrissant, constitue le chef-d'œuvre de Descartes, mais il propose aussi, notamment dans sa séquence inaugurale qui conduit au *cogito*, le récit d'une fascinante odyssée intellectuelle.

L'attrait de ces *Méditations* tient d'abord à leur nature particulière de « méditations ». De façon intéressante pour nous autres, modernes, qui avons remis à l'honneur cette pratique intellectuelle (méditation de pleine conscience, etc.), le texte débute (AT IX, 13) par quelques précisions sur les conditions concrètes dans lesquelles elle doit s'effectuer, c'est-à-dire aussi sur ce qu'on appelle depuis Aristote le *kaïros* (le « moment opportun ») pour se lancer dans la philosophie : il faut pour mener à bien ces méditations avoir atteint un « âge mûr » (c'est-à-dire une certaine maturité intellectuelle : on ne fait pas méditer un enfant) mais pouvoir espérer vivre encore assez longtemps afin de disposer du temps nécessaire à l'élaboration d'une nouvelle philosophie ; on doit avoir « un esprit libre de tout souci et

1. Voir l'*Entretien avec Burman* (AT V, 153) : « Cette partie du *Discours* [la Quatrième] renferme un abrégé des *Méditations*, et c'est par elles qu'on doit l'éclaircir. »

s'être procuré un repos assuré dans une paisible solitude ». Nous n'avons pas de certitudes sur la façon et le moment où Descartes se livra pour son propre compte aux « méditations » consignées dans le texte de 1641 – dont on ne saura sans doute jamais s'il s'agit de la restitution exacte d'un processus méditatif tel qu'il s'est réellement déroulé ou de sa (re)construction littéraire et intellectuelle opérée *a posteriori*. Il se peut que ç'ait été en 1619, quand le philosophe, alors âgé d'un peu plus de vingt ans, passa l'hiver « enfermé seul dans un poêle [c'est-à-dire une chambre chauffée par un poêle] où il avait tout loisir de s'entretenir de ses pensées » (*Discours*, Seconde partie, AT VI, 11) ; ou bien, plus probablement, en 1628-1629, lorsqu'il entreprit de rédiger un *Traité de métaphysique* qui ne nous est pas parvenu, après qu'il eut complété la formation intellectuelle reçue lors de sa scolarité chez les jésuites à La Flèche (probablement entre 1607 et 1615) par une dizaine d'années de voyages consacrées à parfaire son esprit : « rouler çà et là dans le monde, tâchant d'y être spectateur plutôt qu'acteur en toutes les comédies qui s'y jouent », « voir des cours et des armées, fréquenter des gens de diverses humeurs et conditions, recueillir diverses expériences, m'éprouver moi-même dans les rencontres que la fortune me proposait, et partout faire telle réflexion sur les choses qui se présentaient que j'en pusse tirer quelque profit », bref, prendre connaissance du « grand livre du monde[1] ».

Formellement parlant à présent, en tant que « méditations », les *Méditations métaphysiques* ne sont pas seulement constituées, comme la plupart des livres de philosophie, d'un exposé suivi de thèses accompagnées des raisonnements qui les établissent. Elles proposent aussi le récit d'un parcours intellectuel et passionnel effectué par Descartes lui-même, l'ouvrage étant construit de façon que, par l'acte même de sa lecture, le lecteur accomplisse ce parcours pour son propre compte. Le volet théorique ou démonstratif du texte est ainsi redoublé par ce qui s'apparente à ces exercices spirituels dont Pierre Hadot a rappelé l'importance philosophique[2]. Michel Foucault soulignait quant à lui ce point :

> Il faut garder à l'esprit le titre même de « méditations ». [...] Une méditation [...] produit, comme autant d'événements discursifs, des énoncés nouveaux qui emportent avec eux une

---

1. *Discours de la méthode*, respectivement Troisième partie, AT VI, 28, et Première partie, AT VI, 9.
2. Par exemple dans *Qu'est-ce que la philosophie antique ?*, Paris, Gallimard, 1995 (sur Descartes, voir p. 395-399).

série de modifications du sujet énonçant : à travers ce qui se dit dans la méditation, le sujet passe de l'obscurité à la lumière, de l'impureté à la pureté, de la contrainte des passions au détachement, de l'incertitude et des mouvements désordonnés à la sérénité de la sagesse, etc. Dans la méditation, le sujet est sans cesse altéré par son propre mouvement. [Telle est] une méditation démonstrative : un ensemble d'événements discursifs qui constituent à la fois des groupes d'énoncés liés les uns aux autres par des règles formelles de déduction, et des séries de modifications du sujet énonçant, modifications qui s'enchaînent continûment les unes aux autres. [...] C'est cette double lecture que requièrent les *Méditations métaphysiques* : un ensemble de propositions formant *système*, que chaque lecteur doit parcourir s'il veut en éprouver la vérité ; et un ensemble de modifications formant *exercice*, que chaque lecteur doit effectuer, par lesquelles chaque lecteur doit être affecté, s'il veut être à son tour le sujet énonçant, pour son propre compte, cette vérité[1].

1. Michel Foucault, « Mon corps, ce papier, ce feu », appendice II de l'*Histoire de la folie à l'âge classique*, Paris, Gallimard, 1972 ; repris dans *Dits et Écrits I. 1954-1975*, Paris, Gallimard, coll. « Quarto », 2001, ici p. 1125-1126.

En d'autres termes, les *Méditations* cartésiennes constituent un texte interactif, ou encore l'analogue philosophique de ces ouvrages pour la jeunesse classés dans la catégorie « livres dont vous êtes le héros ». Au lecteur qui accepte de jouer le jeu, elles proposent de vivre une véritable expérience intellectuelle. L'idée peut sembler séduisante, voire ludique. Contrairement à une certaine vulgarisation contemporaine, Descartes ne cache pas néanmoins que la pratique de la philosophie n'est pas toujours amusante ou agréable. Il n'hésite pas à mettre en scène les moments et les affects difficiles qui font l'ordinaire, et le sérieux, de la philosophie s'accomplissant : la crainte de s'être engagé dans un cul-de-sac théorique ; l'inconfort et les blessures d'amour-propre engendrés par la remise en cause des opinions et thèses que nous croyons vraies ou aimons bien ; le désarroi, voire l'angoisse, de qui craint d'avoir perdu pied ; les nuits agitées aussi, comme celle vécue entre les deux premières Méditations, évoquée en un passage non dénué de beauté littéraire et qui pose une question fondamentale : vaut-il mieux avoir la lucidité et le courage de reconnaître ses propres servitudes (non seulement théoriques, comme ici, mais aussi morales, affectives, politiques) ou se rêver fantasmatiquement libre ?

> Mais ce dessein [se donner les moyens de continuer à douter de tout ce qui s'est révélé douteux] est pénible et laborieux, et une certaine paresse m'entraîne insensiblement dans le train de ma vie ordinaire. Et tout de même qu'un esclave qui jouissait dans le sommeil d'une liberté imaginaire, lorsqu'il commence à soupçonner que sa liberté n'est qu'un songe, craint d'être réveillé et conspire avec ces illusions agréables pour en être plus longuement abusé, ainsi je retombe insensiblement de moi-même dans mes anciennes opinions, et j'appréhende de me réveiller de cet assoupissement, de peur que les veilles laborieuses qui succéderaient à la tranquillité de ce repos, au lieu de m'apporter quelque jour et quelque lumière dans la connaissance de la vérité, ne fussent pas suffisantes pour éclaircir toutes les ténèbres des difficultés qui viennent d'être agitées (AT IX, 18).

Le lecteur moderne, qui connaît la suite et la fin de l'histoire, sait qu'à ces éprouvants moments succéderont une stabilité et une sérénité plus conformes à ce qui est attendu d'un philosophe, ou d'un sage. Mais au moins ce philosophe-là n'aura-t-il pas tenté de faire croire que la pratique de la philosophie se réduit à un simple, triomphal et euphorique cheminement vers la vérité.

4

La grande question de la vérité

Le texte des *Méditations* se singularise par sa façon d'aborder, et d'inviter le lecteur à oser aborder, sérieusement, une fois en sa vie, de manière frontale et presque ingénue, une grande question, celle de la vérité, en demandant d'emblée : « Qu'est-ce qui est vrai parmi ce que je considère comme tel ? » ; puis, au fur et à mesure que la méditation se développe : « La vérité, cela existe-t-il ? »

Aujourd'hui comme au Grand Siècle, la rudesse et la naïveté feinte de cette interrogation étonnent ou mettent mal à l'aise. Pour tenter d'y échapper, les stratégies d'évitement plus ou moins habiles, sinueuses et explicites ne manquent pas. Il y a la tactique du *dégagement en touche* mise en œuvre par les pusillanimes qui redoutent les conséquences dérangeantes d'une réflexion intraitable sur ce type de sujet : est-ce bien utile ?

N'a-t-on pas mieux à faire ? Plus subtile, la tactique de l'*engourdissement* (analytique ou scolastique) *par accablement définitionnel* est adoptée de longue date par ceux qui n'ont point trop envie d'entendre parler de la vérité : il s'agit de substituer, de façon aussi technique et vétilleuse que possible, la question de l'essence (« Qu'est-ce que la vérité ? ») à celle de l'existence (« La vérité, cela existe-t-il ? ») et d'attendre, l'air patelin, que le malheureux chercheur de vérité s'embourbe dans des séries gigognes de définitions complexes. La tactique de l'*appel traditionaliste à l'humilité* dénonce et décourage d'avance la prétention de celui qui, seul, sans autre bagage que sa rigueur intellectuelle, prétend accéder à la vérité en se privant semble-t-il de toute médiation d'une altérité, d'une transmission, d'un enseignement. Enfin, la tactique nietzschéenne de la *déstabilisation suspicieuse* s'enquiert : « Que veux-tu vraiment, toi qui dis vouloir la vérité ? Que cache ta quête de cette idole ? »

La force de la façon proprement cartésienne de philosopher réside dans une faculté rare d'échapper à ce que ces interrogations ont de paralysant, en avançant malgré elles, sans les ignorer mais en pariant que le mouvement de la pensée en acte leur apportera des réponses. Plus qu'à l'application d'un ensemble de règles ou de protocoles, la fécondité de la « méthode » en ses commencements tient à cette justesse de la posture et du rythme philosophiques : le « bon pas » dont parlait Charles Péguy[1], une manière de progresser sans se précipiter ni piétiner, un mixte d'intrépidité et d'exactitude du questionnement qui conduit à affronter les problèmes qui en valent la peine tout en évitant ceux qui sont oiseux ou, momentanément, superflus.

1. « Descartes, dans l'histoire de la pensée, ce sera toujours ce cavalier français qui partit d'un si bon pas » (*Note… sur M. Descartes*, dans *Œuvres en prose*, t. III, Paris, Gallimard, coll. « Bibliothèque de la Pléiade », 1975, p. 1280).

5

Le doute : danse avec le sceptique

Le pusillanime, l'analytico-scolastique et le suspicieux sont les lieutenants d'un ennemi autrement redoutable, affronté dans la Première Méditation : le sceptique, ou encore, comme on disait au XVIIe siècle en référence au nom (Pyrrhon) du fondateur de ce courant de pensée antique, le pyrrhonien, celui qui estime que la vérité n'existe pas ou se situe hors de nos prises, que tout est par conséquent *douteux*.

On prendra garde à distinguer deux figures du doute souvent confondues ou mêlées sous la dénomination canonique de « doute cartésien ». Le doute est tout d'abord une posture générale, une façon d'être proche de certaines formes de dandysme intellectuel, le style d'existence de celui qui n'est pas dupe de la rumeur du monde et des comédies qui s'y jouent. C'est le doute généralisé et permanent de celui qui se targue d'être

« dubitatif », soupçonneux face aux certitudes de tous ordres, parce qu'il a compris que, en matière de vérité, les choses ne sont pas si simples qu'on le croit à l'accoutumée : parfois, les théories professées avec le plus d'assurance résistent mal à l'examen ; des évidences communément acceptées, des certitudes affichées finissent par se révéler hypothétiques, voire mal fondées ; et les voyages nous apprennent que ce qui nous paraît spontanément bien ou vrai est considéré ailleurs de façon toute différente. Dans la vie de Descartes, la période du « doute » ainsi entendu s'étendit de la fin des études et de l'époque où il prit la décision de trouver la vérité jusqu'au moment d'élaboration de la métaphysique ; dans le *Discours de la méthode*, c'est ce qui est narré par les trois premières parties.

La seconde figure du doute apparaît seulement au début de la Quatrième partie du *Discours* et, de façon beaucoup plus technique et développée, dans la Première Méditation. Il s'agit ici d'un doute ponctuel : le début de cette Méditation et l'article 1 de la Première partie des *Principes de la philosophie* insistent sur le fait que, l'opération étant aussi déstabilisante d'un point de vue psychologique que théoriquement décisive, on ne doit se livrer à un tel doute qu'« une fois en sa vie », *semel in vita*. C'est un outil méthodologique utilisé aussi loin et de façon aussi exigeante que possible pour tester de façon systématique la validité de tous les énoncés que nous recevons. Ce doute-là est destructeur, « hyperbolique » (AT VII, 460 ; IX, 71), c'est-à-dire qu'il serait exagéré, inopportun et même dangereux hors du moment de vérité métaphysique qu'il inaugure en un pari risqué : ou bien tout se révèle douteux, ou bien ce mouvement même du doute poussé à l'extrême conduit à une vérité indubitable. Ce doute radical est présenté de façon détaillée en 1641 dans la Première Méditation. La Quatrième partie du *Discours* en donne une version adoucie, parce que Descartes craignait qu'il se révélât plus nocif qu'utile pour le public philosophiquement moins aguerri que les spécialistes auxquels était destiné cet ouvrage[1].

Comme nous l'avons vu, nous ne savons pas exactement quand s'est déroulée l'histoire rapportée dans cette Première Méditation. Dans tous les cas, c'est d'un jeune philosophe qu'il s'agit. Avec cette gravité profonde, excessive presque, que peuvent montrer les jeunes gens lorsqu'ils ont

1. Voir par exemple la lettre à Mersenne du 27 février 1637, AT I, 350 ; « Préface au lecteur », *Méditations*, AT VII, 7 ; *Réponses aux Quatrièmes Objections*, AT IX, 191.

décidé d'être *sérieux*, Descartes se détermine à jouer un jeu intransigeant et risqué dont il avoue qu'il serait en d'autres circonstances ridicule, mais auquel tout esprit exigeant doit selon lui s'être livré *une fois en sa vie* : il décide de tester l'ensemble des prétendues connaissances, ou « opinions », accumulées depuis son enfance, de façon à trier les douteuses et les assurées. Dans un autre texte, il emploie une comparaison parlante pour décrire cette opération :

> Je me servirai ici d'un exemple fort familier pour faire ici entendre la conduite de mon procédé [...]. Si d'aventure quelqu'un avait une corbeille pleine de pommes, et qu'il appréhendât que quelques-unes ne fussent pourries, et qu'il voulut les ôter, de peur qu'elle ne corrompissent le reste, comment s'y prendrait-il pour le faire ? Ne commencerait-il pas tout d'abord à vider sa corbeille, et après cela, regardant toutes ces pommes les unes après les autres, ne choisirait-il pas celles-là seules qu'il verrait n'être point gâtées, et, laissant là les autres, ne les remettrait-il pas dedans son panier ? Tout de même aussi, ceux qui n'ont jamais bien philosophé ont diverses opinions en leur esprit qu'ils ont commencé à y amasser dès leur bas âge ; et, en appréhendant avec raison que la plupart

> ne soient pas vraies, ils tâchent de les séparer d'avec les autres, de peur que leur mélange ne les rende toutes incertaines. Et, pour ne point se tromper, ils ne sauraient mieux faire que de les rejeter toutes ensemble, ni plus ni moins que si elles étaient toutes fausses et incertaines, puis, les examinant par ordre les unes après les autres, reprendre celles-là seules qu'ils reconnaîtront être vraies et indubitables[1].

Pour mener à bien ce vaste tri, ou ce grand test, Descartes choisit de ne pas se faire de cadeaux. Il entre dans une logique de l'exagération qui consiste à prendre en compte toutes les raisons de douter envisageables, même les plus extravagantes ou les plus ténues. Il s'agit de relever le défi depuis toujours lancé par les sceptiques à ceux qui croient savoir : vous qui estimez être dans le vrai, êtes-vous certains de la validité de vos connaissances prétendues ? Et si vous ne vous rendiez pas compte que vous vous trompez ? Le méditant accepte donc de se situer sur le terrain de cet adversaire sceptique et va se confronter jusqu'à l'obsession à ces questions pénibles, collantes, lancinantes, que les pyrrhoniens s'amusent à jeter dans les pieds des philosophes pour les

1. *Réponses aux Septièmes Objections*, AT VII, 481.

faire trébucher lors de leur marche prétendument triomphale vers le vrai.

De là découle la séquence dubitative qui occupe la quasi-totalité de la Première Méditation, méthodiquement organisée selon la réitération d'un schéma tripartite :

a) la désignation d'un domaine du savoir ou prétendu tel ;

b) la détermination d'une raison de douter des contenus de ce domaine du savoir ;

c) l'aperception d'un nouveau domaine du savoir qui résiste à la raison de douter précédente et contre lequel on invoque une nouvelle raison de douter.

Le test commence. Parmi les énoncés que je tiens pour vrais, beaucoup proviennent des données fournies par les sens. Or il est incontestable que ces informations sont parfois erronées, comme dans le cas de ces illusions d'optique qui font apercevoir une oasis là où il n'y a rien dans le désert, ou voir brisé un bâton droit plongé dans l'eau. Alors, dans cette logique de l'excès où j'ai décidé de me situer, je vais concéder au sceptique que, puisque *quelques* informations des sens sont *parfois* douteuses, *toutes* ces informations doivent être considérées comme *toujours* fausses.

Quelque chose résiste à cette première salve pyrrhonienne : mon corps. En effet, pour pouvoir être trompé quand je sens, il faut que je sois au minimum sentant, c'est-à-dire doté d'un corps affecté de différentes façons[1]. Est-ce si

---

1. Je passe ici sous silence une raison de douter alors invoquée par Descartes : la folie, qui me ferait croire que j'ai un corps tout comme il y a « des insensés de qui le cerveau est tellement troublé [...] qu'ils assurent constamment qu'ils sont des rois, lorsqu'ils sont très pauvres ; qu'ils sont vêtus d'or et de pourpre, lorsqu'ils sont tout nus ; ou s'imaginent être des cruches, ou avoir des corps de verre » (AT IX, 14). De façon curieuse, Descartes congédie sans explications cette raison de douter d'apparence pourtant recevable dans la logique « hyperbolique » de la Première Méditation : « Mais quoi ? Ce sont des fous ; et je ne serais pas moins extravagant, si je me réglais sur leurs exemples » (*ibid.*). Dans son *Histoire de la folie à l'âge classique* (*op. cit.*, I, chap. 2), Michel Foucault estimait que ce passage constituait l'écho théorique du « grand enfermement » des fous par un âge classique qui, à la différence des époques précédentes, aurait considéré qu'il n'y avait plus rien à apprendre d'eux et aurait regardé la folie comme le tout autre d'une rationalité désormais triomphante. Cette interprétation fut contestée et débattue par Jacques Derrida, auquel Foucault répondit. Pour une synthèse de ce débat fort intéressant à divers égards (l'interprétation de la pensée de Descartes, la question des rapports entre rationalité et folie, la philosophie française des années 1960-1970) et une mise au point sur ce passage de la Première Méditation, voir Jean-Marie Beyssade, « "Mais quoi, ce sont des fous"... », dans *Descartes au fil de l'ordre*, Paris, PUF, 2001, p. 13-48 ; Pierre Macherey, « Le débat Foucault-Derrida autour de l'argument de la folie et du rêve », dans *Querelles cartésiennes*, Lille, Presses

sûr ? rétorque l'adversaire, mobilisant ce thème baroque par excellence (*La vie est un songe* de Calderón, *L'Illusion comique* de Corneille, *La Tempête* de Shakespeare) et encore exploité par le cinéma contemporain (*Total Recall* de Paul Verhoeven, *Matrix* des sœurs Wachowski, *Inception* de Christopher Nolan) de la confusion toujours possible entre rêve et réalité. Ne vous arrive-t-il pas de rêver que vous avez des ailes ou que vous faites du ski alors que vous êtes dans votre lit ? De plus, qu'est-ce qui *prouve* que vous ne rêvez pas que vous êtes dans votre lit ? Le sceptique est décidément un fâcheux, mais je dois reconnaître que, sous cet angle, il se peut que la vie soit un songe : l'ensemble des informations que je crois avoir sur mon corps n'a peut-être pas plus de réalité qu'un rêve.

Quelque chose résiste à cette nouvelle attaque. Les contenus des rêves ont des caractéristiques que leur statut éventuellement fictif ne remet pas en cause : toujours, que je rêve ou que je sois éveillé, deux plus deux font quatre et un triangle possède les mêmes propriétés

universitaires du Septentrion, 2014, p. 33-54 ; et la récapitulation de Denis Kambouchner dans *Les Méditations métaphysiques de Descartes*, Paris, PUF, 2005, p. 381-394.

géométriques. Les mathématiques, dont les philosophes savent depuis Platon qu'elles fournissent un modèle accompli de savoir assuré, apparaissent ainsi comme une place forte, un bastion de vérité que n'ébranlent pas les assauts du doute.

Le sceptique s'amuse et réplique : est-ce si sûr ? Et puisque droit lui a été donné de se servir de tous les arguments, même les plus invraisemblables, il les utilise : pourquoi une puissance mauvaise, « Dieu trompeur » (ou Dieu bon inexistant, ce qui conduit, avec la prudence qui s'impose au XVIIe siècle sur de tels sujets, à faire pour un moment l'hypothèse de l'athéisme) ou « mauvais génie », ne s'ingénierait-elle pas à me tromper chaque fois que je crois connaître une vérité mathématique ? Il s'agit certes là d'une raison de douter « bien légère et pour ainsi dire métaphysique » (AT IX, 28), mais, dans la logique radicale où j'ai accepté de me placer, il faut en tenir compte. *Exit* la certitude des mathématiques.

Le tableau ci-dessous, organisé suivant le schéma tripartite évoqué plus haut, récapitule ces différentes étapes du doute de la Première Méditation :

Objet dont on doute	**Raison de douter**	**Résistance au doute**
1. Informations des sens	Illusions, erreurs des sens (AT IX, 14)	Mon corps
2a. Mon corps	Folie (AT IX, 14)	Mon corps
2b. Mon corps	Rêve (AT IX, 14-15)	Mathématiques
3. Mathématiques	Dieu trompeur (AT IX, 16)	Dieu
4. Dieu	Athéisme (AT IX, 16)	Rien ne résiste d'un point de vue logique, mais persistance d'effets de résistance psychologiques
5. Tout	Mauvais génie (AT IX, 17-18)	Rien (fin de la Première Méditation)

Le grand test des opinions tourne ainsi à la dévastation. L'un après l'autre, les domaines du savoir présumés assurés révèlent leurs fragilités, puis s'écroulent, en un grand poudroiement de croyances dynamitées. Et dans une atmosphère de fin du monde, le défi du méditant décidé à vivre un moment de vérité se commue en danse de mort avec le sceptique, voire, finit-on par penser, avec le sceptique qui sommeillait dans ce méditant.

À nouveau, il existe des raisons pour refuser de prendre ce texte au sérieux et de (re)jouer pour son propre compte le jeu cartésien. Ainsi Leibniz, au début de ses *Remarques sur la partie générale des Principes de Descartes,* insinue-t-il qu'on se trouve devant un cas typique de philosophe qui *fait du cinéma,* épate son public par des gesticulations rhétoriques spectaculaires mais théoriquement anodines : « Peut-être [Descartes] a-t-il préféré émettre des paradoxes, afin de réveiller par la nouveauté le lecteur engourdi. [...] Il a recherché les applaudissements plutôt que la certitude. » Mais il y a également lieu de s'interroger sur les raisons qui ont poussé et poussent encore tant de lecteurs à manifester autant de réticences à l'idée de douter comme Descartes le préconise : ce témoignage rare d'un penseur décidé, « une fois en sa vie », à ne pas se faire de cadeaux et à ne pas tricher, n'est-il pas dérangeant ? Quelle secrète complaisance, quel amour inavoué pour nos propres représentations, quel attachement commode au confort d'une pensée *installée* et rétive à l'idée d'être ainsi débordée rendent d'emblée antipathique la perspective d'une telle opération critique ? Et nous dont la vision désenchantée du monde se caractérise le plus souvent par une déférence au moins implicite envers les formes contemporaines du scepticisme (*tout est vrai, à quoi bon ?, tout se vaut, question de point de vue, bof*), ne devrions-nous pas admettre que quelque chose d'important se joue dans l'inactualité apparente de cette méditation qui conduit aux portes de l'universelle incertitude ?

Plus rien alors n'est assuré, toutes les pommes se sont révélées pourries. J'ai perdu pied, je coule, « comme si tout à coup j'étais tombé dans une eau très profonde, je suis tellement surpris que je ne puis ni assurer mes pieds dans le fond ni nager pour me soutenir au-dessus », explique un texte aussi saisissant que poignant du tout début de la Méditation seconde (AT IX, 18). La partie que j'ai jouée était un jeu de dupes : j'ai tout perdu, j'ai à mon tour versé dans le scepticisme. Mais ce n'est pas le scepticisme ironique et souriant de l'adversaire que j'ai voulu combattre, c'est le scepticisme triste et résigné de celui qui désirait trouver la vérité et n'a pas réussi.

Et puis non. Je sombre et coule, mais soudain je touche le fond, et je rebondis, en un mouvement de révolte intellectuelle, un cri de protestation à destination du sceptique et de ses arguties.

Ainsi le *cogito* est-il avant tout une réaction agacée, ou désespérée, face aux arguties pyrrhoniennes accumulées, le sursaut rageur du méditant au terme de sa coulée dans les eaux du scepticisme : mais enfin, il faut au minimum un « sujet[1] » à toutes les opérations de doute qui viennent d'être effectuées, l'acte même de jeter les pommes n'est pas rien ! Mieux que par le « Je pense, donc je suis » du *Discours*, cet aspect réactif est rendu par la formule énervée de la Méditation seconde (AT IX, 19) : cela suffit à la fin !, on aura beau dire et faire, *Ego sum, ego existo*, « Moi je suis, moi j'existe », et cette proposition est « si ferme et si assurée que toutes les plus extravagantes suppositions des sceptiques ne sont pas capables de l'ébranler » (*Discours*, Quatrième partie, AT VI, 32).

En un instant, la situation s'est renversée, la partie a été gagnée. Le sceptique est battu. Un énoncé au moins échappe au doute : « Je pense, donc je suis. »

La suite est une autre histoire, celle de l'édification de la philosophie de Descartes. Ce « fameux *cogito* » y possède une double fonction : il est la première vérité, « le premier principe de la

1. Au moins au sens grammatical de ce terme, que Descartes n'utilise jamais dans son acception moderne d'« individu », « personne ». D'un point de vue lexical, le « sujet cartésien » est une création de commentateurs.

philosophie que je cherchais » (*Discours*, Quatrième partie), le point de départ de la reconquête philosophique. Et, en tant qu'il est aperçu de manière « claire et distincte », il fournit par ailleurs le modèle de toute connaissance vraie, c'est-à-dire le critère dont Descartes va se servir pour identifier d'autres vérités et constituer sa philosophie.

Une difficulté résidera alors dans l'articulation de ces deux fonctions reconnues au *cogito*. En tant que « première vérité », le premier principe est inébranlable, solaire. Mais en érigeant cet énoncé si particulier en modèle que devront égaler, en termes d'évidence, toutes les autres connaissances philosophiquement recevables, notre philosophe place haut la barre de l'exigence spéculative, comme l'atteste un embarras fréquent à la lecture de la suite des *Méditations*. En une remarquable symétrie, un chiasme dont le point central est le *cogito*, Descartes y entreprend la reconquête méthodique des éléments du savoir abandonnés au doute dans la Première Méditation : il démontre l'existence de Dieu entendu comme « substance infinie » (Méditation troisième), entérine la validité des mathématiques (Méditation cinquième), établit l'existence du monde matériel puis explore le domaine de la sensation et celui de l'union de l'esprit et du corps (Méditation sixième). En parcourant les « chaînes de raisons », c'est-à-dire d'arguments, parfois complexes, qui, partant du *cogito*, établissent ces « vérités », on peut éprouver le sentiment d'une déperdition graduelle et continue de l'évidence, et d'un affaiblissement corrélatif de la conviction emportée par les raisonnements cartésiens. Une des questions posées à qui s'engage, après Descartes, dans ce cheminement méditatif est donc : jusqu'où vais-je, et puis-je le suivre ? La détermination des différents lieux où les lecteurs quittent la partie par impossibilité de faire leur plus longtemps le cheminement des *Méditations* suggère divers types de cartésianisme envisageables et historiquement réalisés, par exemple chez Spinoza, Malebranche, Bossuet, Fénelon.

6

Exigence

Situer le *cogito* au terme de ce processus de doute rend manifestes le sens et la portée particuliers de cet énoncé. De façon négative, il apparaît comme la bouée qui permet le sauvetage de la pensée au moment où elle risquait le naufrage. Plus positivement, il constitue la consolation, ou la récompense, de ceux qui ont eu comme Descartes le courage de faire subir à l'ensemble de leurs croyances une analyse intraitable, sans concession aucune. Ce type de radicalité ou d'extrémisme peut se révéler irritant dans sa volonté de ne rien exempter du feu de la critique. En ce sens, les arguments prudents ne manqueront pas à ceux qui n'ont pas envie de se soumettre à cette intransigeante épreuve : le jeu en vaut-il la chandelle ? Quand vient le temps des grandes décisions, les bonnets de nuit de la pensée ne sont jamais à court de bonnes raisons pour tenter de repousser l'échéance, et de se rabattre sur des positions plus confortables et conciliantes, centristes et tièdes.

Mais Dieu vomit les tièdes (Apocalypse 3,15), et les centristes sont gens ennuyeux. Il vaut donc la peine de réaliser pour son propre compte l'expérience proposée par Descartes, en acceptant, une fois en sa vie, de contredire cette tendance naturelle : la complaisance implicite que nous éprouvons envers nos représentations, non pas tant en raison de la valeur de leur contenu que parce que ce sont *les nôtres*. Quant à moi (Nantais d'adoption et amateur de football) par exemple, dans les années 1990, et quel que fût alors le classement du Championnat de France, je jugeais que l'équipe de Nantes était la plus estimable, celle qui développait le plus séduisant projet de jeu, dont les supporters étaient les plus vaillants, fervents et inventifs, etc. Lorsque je faisais l'effort de m'imposer un minimum de distance critique, je saisissais bien entendu que cette opinion n'était pas plus fondée que celle d'un Marseillais affirmant que Marseille est la meilleure équipe, etc. Mais j'étais tenté de considérer que c'était moi qui avais raison simplement parce que ce que je pensais, c'était *moi*, sujet situé là et alors à Nantes, qui le pensais. Tout bien pesé, il en va probablement de même, de façon plus insidieuse mais pas moins effective, dans les autres affirmations qu'un « moi » prend à son compte : « Mon bébé est le plus beau », « Les smartphones, ou les chaussures de sport, de telle marque sont les meilleurs », « C'est pour untel qu'il faut voter », « Dieu existe » ; etc. Il y a un poids de la subjectivité, une forme théorique de l'amour-propre, qui nous conduit, comme Descartes le dit d'une belle expression dans une lettre à Mersenne d'avril 1634 (AT I, 285), à toujours être de façon inavouée « amoureux de nos pensées », dont il est fort à craindre que nous les aimions non (seulement) parce qu'elles sont vraies, mais (surtout) parce qu'elles sont de nous. L'ascèse du doute consiste ainsi à « ne jamais consentir à être tout à fait à l'aise avec ses propres évidences », à « suivre sa pente, pourvu que ce soit en montant[1] », en contrebalançant les effets intellectuels de l'amour-propre pour les annuler, et nous permettre d'occuper une position aussi objective que possible à l'égard de nos représentations. L'épreuve est redoutable : être « objectif », c'est reconnaître que mes pensées, et même *toutes* mes

1. Respectivement Michel Foucault, « Pour une morale de l'inconfort », dans *Dits et Écrits II. 1970-1975*, Paris, Gallimard, coll. « Quarto », 2001, p. 787 ; et André Gide, *Les Faux-Monnayeurs*, dans *Romans*, Paris, Gallimard, coll. « Bibliothèque de la Pléiade », 1958, p. 1215.

pensées, sont plus fragiles et moins assurées que ce que je croyais. Mais dans ce mouvement même d'effacement du *moi* poussé à l'extrême s'impose une autre forme de la subjectivité, épurée autant qu'indiscutable, elle : le « je » qui dit « je pense », « je suis », « j'existe ».

7

Innover

D'une certaine manière, le *cogito* était loin d'être quelque chose de neuf quand Descartes le mit en avant. Dès la publication du *Discours* et des *Méditations*, nombreux furent les lecteurs, plus ou moins bien intentionnés, à faire remarquer qu'on trouvait des énoncés similaires chez saint Augustin : « Si je me trompe, c'est que je suis » (*La Cité de Dieu*, XI, 26) ; « Si tu n'étais pas, tu ne pourrais pas être trompé » (*Traité du libre arbitre*, II, 3)[1]. Les rapprochements analogues ont depuis lors été multipliés, un livre entier – fort érudit mais, il faut bien l'avouer, quelque peu assommant – leur a même été consacré : *Les Antécédents historiques du « Je pense, donc je suis »*, de

1. Voir par exemple, se réjouissant de cette convergence augustino-cartésienne, Antoine Arnauld, « Quatrièmes Objections » faites aux *Méditations*, AT IX, 154.

Léon Blanchet. Il est tentant d'en conclure que le *cogito* n'est en rien philosophiquement original, et d'expliquer par là aussi bien la déception de Bouvard et Pécuchet que l'étonnement du lecteur se demandant pourquoi on persiste à faire aussi grand cas d'un énoncé de si banale apparence, et à accoler de façon systématique l'adjectif « cartésien » à un *cogito* dont Descartes est loin d'être l'auteur.

Blaise Pascal, qui n'était pourtant pas un partisan enthousiaste de la philosophie cartésienne, a lumineusement répondu à cette présomption de platitude, ou de plagiat :

> Je voudrais demander à des personnes équitables si ce principe [...] « Je pense, donc je suis » [est effectivement] une même chose dans l'esprit de Descartes et dans celui de saint Augustin, qui a dit la même chose douze cents ans auparavant. En vérité, je suis bien éloigné de dire que Descartes n'en soit pas le véritable auteur, quand même il ne l'aurait appris que dans la lecture de ce grand saint ; car je sais combien il y a de différence entre écrire un mot à l'aventure sans y faire une réflexion plus longue et plus étendue, et apercevoir dans ce mot une suite admirable de conséquences, [...] comme Descartes a prétendu faire. [...] Tel dira une chose

> de soi-même sans en comprendre l'excellence, où un autre comprendra une suite merveilleuse de conséquences qui nous fait dire hardiment que ce n'est plus le même mot, et qu'il ne le doit [pas plus] à celui d'où il l'a appris, qu'un arbre admirable n'appartiendra à celui qui en aurait jeté la semence, sans y penser et sans la connaître, dans une terre abondante qui en aurait profité de la sorte par sa propre fertilité[1].

L'importance philosophique de l'énoncé cartésien réside donc moins dans son sens littéral que dans sa double fonction signalée plus haut (chap. 5) : d'une part, en tant que premier et inébranlable îlot de résistance au doute, il constitue le point de départ de tout savoir possible ; d'autre part, il fournit un modèle de proposition vraie dont l'analyse permet la détermination d'un critère de la vérité.

Cet exemple du *cogito* suggère qu'il existe deux façons d'être inventeur, ou d'innover, en philosophie. La première est celle à laquelle on pense spontanément. Innover, c'est créer, faire surgir de l'inouï, par exemple proclamer des propositions

1. Blaise Pascal, *De l'art de persuader*, dans *Œuvres complètes*, Louis Lafuma (éd.), Paris, Seuil, coll. « L'Intégrale », 1963, p. 358.

sans précédent connu (« Les triangles ont quatre côtés ») ou étonnantes (« Je suis Dieu »), ou encore forger des concepts inédits : « apprésentation analogique », « être-là », « étantité », « événemential », « différance » (les penseurs du courant qu'on appelle la phénoménologie ou les représentants de la *French theory* des années 1970-1980 se révèlent plutôt doués dans cet exercice). Cette première voie est difficile. Nous savons bien ce que La Bruyère a exprimé en des mots magnifiques (et limpides, eux !) au début de ses *Caractères* : « Tout est dit, et l'on vient trop tard depuis plus de sept mille ans[1] qu'il y a des hommes et qui pensent. » Le constat est démoralisant : comment dans ces conditions éviter que les prétendues innovations soient seulement répétitions de choses déjà dites, mais que notre ignorance du passé empêche d'apercevoir en tant que telles ? Pour échapper au découragement, il semble ne rester que la fuite en avant : jouer la provocation ; rechercher l'originalité à tout prix, fût-ce au détriment de la vérité et de la cohérence de la pensée ; fabriquer des néologismes philosophiques, qui exposent souvent au ridicule et dégagent un fumet de jargon peu appétissant.

1. C'est-à-dire depuis la création du monde, selon la chronologie biblique en vigueur à l'époque.

L'usage cartésien du *cogito* suggère qu'il existe une autre voie pour être inventif en philosophie. Il s'agit non plus de créer du neuf, mais, comme l'explique Pascal, de se servir de manière inédite d'éléments déjà existants. Dire « Je pense, donc je suis » n'a certes rien d'une innovation radicale. Il était en revanche inattendu de déterminer cette proposition comme l'unique et indépassable fondement de toute philosophie. Pour Descartes, il s'agit donc non pas de forger des énoncés inouïs, mais d'utiliser de façon pionnière des thèses déjà identifiées, non pas d'être original, mais de saisir dans leur pureté, pour les faire fructifier de manière insoupçonnée, des vérités primordiales (« innées ») présentes en chaque esprit mais souvent oubliées, obscurcies ou recouvertes par le poids des héritages intellectuels, de la rumeur du monde, des préjugés de tous ordres. De là ces textes surprenants chez un penseur réputé comme étant celui de la rupture avec un passé honni dont il faudrait faire « table rase[1] », où se conjuguent rattachement à l'archaïque, à une tradition, et affirmation d'une capacité d'innovation :

1. Cette expression n'est jamais utilisée par Descartes pour parler du doute tel qu'il entend le mettre en œuvre.

> Encore que toutes les vérités que je mets entre mes principes aient été connues de tout temps de tout le monde, il n'y a toutefois eu personne jusqu'à présent, que je sache, qui les ait reconnues pour les principes de la philosophie, c'est-à-dire pour telles qu'on en peut déduire la connaissance de toutes les autres choses qui sont au monde.

> Que ce traité ne contient aussi aucuns principes qui n'aient été reçus de tout temps de tout le monde, en sorte que cette philosophie n'est pas nouvelle, mais la plus ancienne et la plus commune qui puisse être[1].

On obtient alors une image de la philosophie qui l'apparente à un de ces jeux de construction pour enfants. On peut bien sûr chercher de nouvelles briques ou pièces pour ajouter à celles qu'on possède, mais lorsque ces dernières sont déjà nombreuses on est contraint, pour avoir des éléments différents, de se procurer des pièces bizarres aux formes biscornues, qui se révèlent en définitive peu utiles, voire dérangeantes quand

1. Respectivement : Descartes, « Lettre-préface » des *Principes de la philosophie*, AT IX, 10 ; et *Principes de la philosophie*, IV, art. 200, AT IX, 318.

vient le moment de les intégrer dans la totalité du jeu. En revanche, chacun peut créer sa propre construction en arrangeant à sa façon les éléments dont il dispose, puisqu'il existe des effets de structure qui modifient la fonction des pièces, ainsi que la signification et la portée des propositions philosophiques selon la place qu'elles occupent : « Qu'on ne me dise pas que je n'ai rien dit de nouveau, la disposition des matières est nouvelle. Quand on joue à la paume, c'est une même balle dont joue l'un et l'autre, mais l'un la place mieux. J'aimerais autant qu'on me dise que je me suis servi des mots anciens. Et comme si les mêmes pensées ne formaient pas un autre corps de discours par une disposition différente, aussi bien que les mêmes mots forment d'autres pensées par leurs différentes dispositions » (Pascal, *Pensées*, Lafuma, 696). La pratique de l'histoire de la philosophie trouve ainsi une justification supplémentaire : les grands philosophes du passé fournissent à leurs lecteurs les éléments qu'il leur appartient d'agencer. C'est, aussi, une façon d'exercer sa créativité philosophique.

Plus largement, Descartes rejoint Kant au nombre des auteurs dont le parcours offre une consolation et des motifs d'espérer aux philosophes médiocres et lecteurs de peu d'envergure (au nombre desquels se compte le rédacteur de ces lignes) qui, après des années de réflexion, s'affligeraient de la banalité de leurs idées et de leur incapacité à innover intellectuellement. Après tout et en schématisant à peine, Kant ne publia rien d'original durant les cinquante-sept premières années de son existence – ce qui laisse encore de l'espoir à beaucoup d'entre nous. Et de son côté Descartes, « le véritable initiateur de la pensée moderne », dont « on ne saurait se représenter dans toute son ampleur l'influence qu'il a exercée sur son époque et sur les temps modernes[1] », n'inventa ou ne découvrit à proprement parler rien avec son *cogito*, mais réussit à édifier une philosophie radicalement originale par la simple reprise d'éléments anciens, auxquels il conféra des fonctions inédites.

---

1. G.W.F. Hegel, *Leçons sur l'histoire de la philosophie*, t. VI, Paris, Vrin, 1985, p. 1384.

8

La première personne et les robots

Il ne s'agit pas toutefois de réduire la pratique philosophique à un réagencement de composants préexistants, fût-il créateur de formes ou de configurations nouvelles. Le *cogito* met aussi sur la voie d'une philosophie conçue comme appropriation active, et il est sous cet angle loin d'être indifférent que la formule cartésienne soit à la première personne du singulier.

En effet, du point de vue du sens, on pourrait être tenté de se contenter d'une vérité générale et impersonnelle, « éternelle et immuable », comme disent les philosophes : « Pour penser, il faut être. » C'est un énoncé neutre, dont la valeur et la signification ne dépendent pas de la personne qui le pense ou le prononce, mais qui, par sa généralité même, ne m'implique pas activement, en tant que sujet, dans son énonciation – si bien qu'il est dépourvu de cette puissance d'autovérification qui, dans la position d'une existence singulière (la mienne), caractérise le *cogito* proféré. Pour échapper à cette généralité sans pour autant passer à la première personne du singulier, on peut avancer une proposition du type : « Toto, ou René Descartes, pense, donc il est. » On y gagne en précision, puisque la phrase renvoie à *un* individu. Mais on y perd en implication personnelle (je ne suis pas Toto, cela ne me concerne pas) et, là encore, en certitude : encore faut-il établir que Toto pense, ce qui ne va pas de soi – je pourrais être en train de rêver qu'il pense ou bien il pourrait être un automate, un robot parlant, un de ces « hommes feints qui ne se remuent que par ressorts » évoqués dans la Méditation seconde (AT IX, 25). Il en va tout autrement avec « Je pense, donc je suis ». Le passage à la première personne réunit les caractéristiques éparses dans les formules précédentes : la certitude bien sûr, puisque l'énonciation de cette proposition prouve, par le fait même, que je pense et suis ; la précision : il est question d'un individu, en l'occurrence moi ; à quoi s'ajoute une perpétuelle puissance de renouvellement : « Je pense, donc je suis » est une proposition différente pour chacun, puisque le « je » renvoie au seul individu qui la prononce, c'est-à-dire l'accomplit – ou la « performe », disent les commentateurs contemporains[1] – en actualisant par là même la dimension d'exercice spirituel du texte cartésien.

Chaque fois qu'une personne réitère l'expérience intellectuelle proposée par Descartes, c'est ainsi le début d'une nouvelle histoire, celle d'une pensée à nulle autre semblable qui commence à s'apercevoir en tant que telle. L'ennui de Bouvard et Pécuchet est donc l'effet de leur ignorance du statut exceptionnel, voire unique, du *cogito*. Que le lecteur cherche, s'il a encore des doutes à ce sujet, un autre exemple d'énoncé absolument incontestable qui décrit un état (je pense) en même temps qu'il est une action, valable pour tous mais qui parle à chacun de sa propre vie. Et qui pourra dire après cela que la lecture des anciens philosophes s'apparente plus à de l'histoire qu'à de la philosophie, et ne conduit guère qu'à la répétition stérile de sentences inactuelles, quand le *cogito* offre justement à chacun, érudit ou non, la possibilité de réaliser pour son compte un acte authentiquement philosophique ? À nouveau, La Bruyère a raison

1. Voir l'article fondateur de Jaakko Hintikka, « *Cogito, ergo sum* : Inference or Performance ? », dont on trouvera les références dans la bibliographie en fin d'ouvrage.

lorsqu'il répond à l'objection « [on] l'a déjà dit avant vous » : « Je le crois sur votre parole, mais je l'ai dit comme mien. Ne puis-je pas penser après eux [les autres auteurs] une chose vraie, et que d'autres encore penseront après moi ? » (*Les Caractères*, « Des ouvrages de l'esprit », 69).

Quand de jeunes élèves revendiquent crânement le projet de « penser par soi-même » et émaillent leurs premiers travaux d'affirmations péremptoires du type « je dis que » ou « à mon avis, c'est ainsi », les philosophes de profession les regardent souvent avec une condescendance amusée : pauvres petits, charmants naïfs, insouciants dogmatiques, vilains orgueilleux... S'ils savaient comme c'est difficile... Ils vont vite déchanter ! Usés, désabusés ou atteints d'une cécité intellectuelle qui les empêche de percevoir l'éclat des pépites qu'ils se sont accoutumés à manier, ces philosophes de profession ont tort. Certes, l'absence de recul ou de distance critique à l'égard de ses propres pensées, la précipitation, l'amour-propre, l'orgueil, le désir d'innover ou d'avoir raison à tout prix poussent souvent à s'ériger d'imprudente manière en détenteur de la vérité. Mais le *cogito* atteste que ce serait une erreur de tirer argument de ces difficultés pour verser dans l'excès inverse et sa traduction grammaticale : renoncer à penser en tant que sujet, individu, et remplacer le « je » par la voix impersonnelle (« on dit que », « il faut admettre que », « il est vrai que », etc.) ou par ce « nous » dit de majesté dont la pompe creuse a gâché les copies et travaux de générations entières. Le *cogito* indique qu'il est possible, voire souhaitable, de philosopher à la première personne du singulier sans rien abdiquer en matière d'exigence et de rigueur intellectuelles.

Cette propriété spectaculaire que possède le *cogito* de n'être pleinement vérifié que lorsqu'on l'accomplit ou le « performe » soi-même permet également de répondre à une question récurrente dans les œuvres de science-fiction – et qui témoigne elle aussi de la façon dont le *cogito* s'est diffusé bien au-delà des seuls cercles académiques et savants : un robot, une intelligence artificielle, ou encore ces assistants numériques virtuels présents sur nos smartphones et dans nos salons (Siri, Assistant Google, Alexa) et dont les progrès semblent désormais avoir rendu inopérant le critère (la capacité à répondre à bon escient[1]) que Descartes avait proposé pour différencier un humain pensant d'un automate parlant, bref, toutes ces machines qui ont, de plus en plus, les apparences de l'intelligence et de la

1. Voir *Discours de la méthode*, Cinquième partie, AT VI, 56-58.

pensée peuvent-elles dire : « Je pense donc je suis[1] » ?

La question n'est pas dénuée d'intérêt mais, comme souvent avec les « expériences de pensée » ou les interrogations spéculatives d'apparence séduisante, la réponse déçoit. Car la réponse est : on n'en sait, et jusqu'à plus ample informé on n'en saura jamais, rien. C'est que l'isolement des consciences est une donnée fondamentale : *stricto sensu*, nous ne sentons, n'expérimentons jamais de façon directe, immédiate, ce qui se passe dans le cœur ou l'esprit de l'autre. Une

---

1. Pour en rester à une référence classique dans le domaine littéraire, voir par exemple Isaac Asimov, *Les Robots* (trad. Pierre Billon), Paris, J'ai lu, 1976, p. 100. Le robot Cutie y explique à ses maîtres : « J'ai consacré deux jours à une introspection concentrée, donc les résultats se sont révélés fort intéressants. J'ai commencé par la seule déduction que je me croyais autorisé à formuler : je pense, donc je suis ». Au cinéma, voir le film *Blade Runner* de Ridley Scott (1982), où une androïde, Pris, dit à son créateur Sebastian : « *I think therefore I am* » pour lui montrer ce qu'elle a de lui en elle (il est remarquable que le personnage principal de ce film, interprété par Harrison Ford, se nomme… Deckard !). Dans un genre plus fantaisiste, voir Douglas Adams, *Le Guide du voyageur galactique* (trad. Jean Bonnefoy), Paris, Gallimard, coll. « Folio SF », 2005, p. 213-214 : « [Des "hyperintelligences pan-dimensionnelles"] se construisirent un stupéfiant super-ordinateur si fantastiquement intelligent qu'avant même d'être raccordé à ses banques de données, il en était, partant de : *Je pense donc je suis*, déjà parvenu à déduire l'existence du gâteau de semoule et de l'impôt sur le revenu. »

analyse des phénomènes expressifs banals le montre. Quand je dis à l'autre « Je sais que tu as mal » ou « Je sens que tu es en colère », je ne sais ou je ne sens à proprement parler rien de ce qu'il éprouve. J'aperçois sur son visage un certain nombre de signes (grimaces, pâleur, etc.) que j'interprète comme indiquant la présence, en lui, de sentiments équivalents à la douleur ou à la colère que j'ai déjà ressenties en moi-même. Élargissant cet état de fait, Malebranche explique que je ne connais l'esprit d'autrui et l'ensemble des événements qui l'affectent que par « conjecture », en construisant une représentation de l'« autre » à partir de ce que je connais de « moi » : « je ne sais rien de ce qui se passe dans votre cœur que par rapport à ce que je sens dans le mien » (*Entretiens sur la métaphysique et sur la religion*, VI, § 8), si bien que dans ce que je pense de l'*alter ego* il y a bien peu voire pas du tout d'*alter*, et beaucoup d'*ego* projeté. Il en va de même pour la présence de la pensée en acte. Du point de vue de ce que Descartes appelle la « certitude morale », celle qui est largement suffisante pour régler le cours de la vie ordinaire, j'ai bien entendu raison d'estimer que telle ou telle personne avec qui je converse est, comme moi, une chose qui pense, et de me comporter en conséquence à son égard. Mais pour ce qui est de la « certitude métaphysique[1] », absolue, indiscutable, la seule pensée dont je puisse affirmer catégoriquement l'existence parce que j'en fais l'expérience dans toute sa plénitude active est celle que je rencontre en moi-même. De ce point de vue métaphysique, la coupure n'est pas entre moi et les autres humains d'une part et d'autre part les robots. Elle se trouve entre moi d'un côté et les autres humains et les machines de l'autre : que ce soit un *alter ego* ou une machine que j'entends dire « Je pense, donc je suis », je n'expérimente pas la présence de la pensée en train de s'accomplir. Je ne saurai donc jamais si cette activité qu'en moi je nomme « pensée » est réellement « performée » par tel robot ou telle intelligence artificielle – toutefois je ne peux pas non plus *a priori* l'exclure. Un seul être au monde est donc assuré que, lorsqu'elle est proférée, la proposition « Je pense, donc je suis » est vraie : c'est moi, quand je le pense. Mais chacun peut le penser !

1. Sur la différence entre « certitude morale » et « certitude métaphysique », voir *Principes de la philosophie*, IV, art. 205-206.

9

Derechef, de la vérité

Depuis que j'ai lu Descartes et réalisé à sa suite l'expérience du doute et du *cogito*, je ne parviens plus à comprendre qu'on puisse être sceptique, entendons intégralement et définitivement sceptique, c'est-à-dire déclarer « Rien n'est vrai », « Tout est douteux », ou bien encore « Je ne suis certain de rien ». La force du *cogito* est de proposer à chacun, quelles que soient son époque et sa situation, une expérience abordable et qui manifeste de façon limpide que le scepticisme est une position contradictoire, qui s'autodétruit : affirmer « Tout est douteux » ou « Je ne suis certain de rien », c'est nécessairement poser dans l'acte même de l'affirmation un sujet qui fait siens ces énoncés, et donc, au minimum, qui existe. Le fait même que quelqu'un assume les propositions « Rien n'est vrai », « Tout est douteux » suppose ainsi une exception à leur universalité proclamée

– et c'est pourquoi le *Dubito, ergo sum*, « Je doute, donc je suis » de *La Recherche de la vérité par la lumière naturelle*, un peu oublié par la postérité, mérite toute sa place aux côtés des énoncés canoniques du *cogito*. Je pense, je doute, je suis, j'existe : cela est vrai.

Arrivé à ce point on entend, sans surprise, le sceptique ricaner et poser encore la question que Ponce Pilate adressa à Jésus-Christ : « Qu'est-ce que la vérité ? » (Évangile de Jean 18,38 ; le texte ne rapporte malheureusement pas la réponse de Jésus). Cette question est un piège. Pour y répondre, il faut envisager des définitions difficiles, qui nourrissent depuis toujours les disputes entre philosophes. La vérité, dira-t-on en première approche, c'est l'adéquation, la conformité d'un énoncé avec la réalité qu'il décrit. Mais comment donc un énoncé, pensé ou proféré, peut-il être *conforme* à un objet ou un événement du monde ? Serait-ce alors que la vérité est comme une propriété inscrite à l'intérieur même de la pensée ou de l'énoncé, indépendamment de leur rapport à la réalité ? Mais, dans ce cas, la vérité n'aurait rien à voir avec la réalité ? Etc. Un instant terrassé par le *cogito*, le sceptique est rassuré. Il trouve dans ces discussions des forces nouvelles, et l'envie de revenir sur ce qu'il a été contraint de concéder : après tout, avant d'admettre la vérité du « Je pense, donc je suis », ne faudrait-il pas au moins se mettre d'accord sur ce que sont la pensée, l'être, etc. ?

Cette fois, il ne faut pas entrer dans le jeu du sceptique. Si ce dernier a pu apparaître l'espace d'un moment comme un interlocuteur séduisant, il révèle sa vraie nature dans ces arguties : c'est un mauvais joueur, qui ne veut pas reconnaître qu'il a perdu.

Le *cogito* permet d'isoler un effet de présence indubitable, un acte de pensée dont nous savons qu'il est *vrai* parce que nous en sommes *certains* et que dans ce type d'acte la vérité se manifeste elle-même : « Comme la lumière se fait connaître elle-même et fait connaître les ténèbres, la vérité est à elle-même sa propre marque, et celle du faux », affirme Spinoza (*Éthique*, II, 43, scolie), parfaitement fidèle à Descartes sur ce point.

Sans doute est-il difficile d'expliquer de manière complète et incontestable comment et pourquoi cet énoncé est vrai. Nous pressentons qu'il sera impossible de parvenir à des définitions absolument satisfaisantes de notions comme « vérité », « pensée », « être ». C'est de plus la nature même de la recherche d'une définition que d'engager dans un processus de régression sans fin identifiable : pour définir un mot, il faut se servir de mots, qu'il faudra eux-mêmes définir, et ainsi de suite. Et peut-être existe-t-il des termes premiers (ce que Descartes appelle des « idées innées » ou des « natures simples », ou encore des « semences de vérité »), des éléments fondamentaux qui constituent toute pensée et la rendent possible, de sorte qu'on ne fait que les obscurcir en voulant les expliciter, et que chercher à les définir est une activité spéculativement parlant déficitaire, moins féconde que coûteuse en temps et en efforts. Quand on l'interroge sur la nature de la vérité qu'il affirme avoir saisie, Descartes, dans un des rares textes où on le surprend à jargonner comme un scolastique, répond ainsi qu'on peut se trouver assuré « d'être dans le vrai » sans avoir clarifié cette question de l'essence ou de la définition de la vérité : c'est « une notion si transcendantalement claire qu'il est impossible de l'ignorer. [...] Lorsqu'on veut définir ces choses, on les obscurcit et on s'embarrasse[1] ». Qu'ajouterait donc à la certitude d'avoir, avec le *cogito*, atteint une vérité le fait de savoir que cette dernière est « transcendantalement » définie comme *adéquation de la chose et de l'intellect* ? Et « celui qui se promène dans une salle » ne fait-il

1. Lettre à Mersenne du 16 octobre 1639, AT I, 596-597. Voir aussi, appliquant cette thèse au *cogito*, *Principes de la philosophie*, I, art. 10, AT IX, 28-29.

pas « bien mieux entendre ce que c'est que le mouvement que ne fait celui qui le définit comme *actus entis in potentia pro ut in potentia*[1] » ? Il est décidément important de savoir philosopher d'un « bon pas ».

La vérité du *cogito* est rencontrée sur le mode de la certitude subjective (moi, méditant, je suis sûr qu'il ne peut en être autrement), elle-même identifiée à un type de présence à l'esprit, une qualité particulière (l'évidence, la « clarté et la distinction ») du rapport mental que j'entretiens avec ce que je pense. Dans ses *Méditations sur la connaissance, la vérité et les idées*, Leibniz remarque que, à l'encontre de l'universalité qu'elle vise, cette réduction de la vérité à une certitude personnelle est grosse de déviations psychologisantes ou subjectivistes : je peux par exemple avoir l'impression de penser quelque chose de vrai parce que je crois me représenter clairement et distinctement ce qu'est un « décaèdre régulier » (un polyèdre à dix faces identiques), alors qu'il s'agit d'un non-concept, d'un objet inconstructible. De la sorte, un usage imprudent du critère

1. Même lettre à Mersenne : « l'acte de l'être en puissance en tant qu'il est en puissance » (définition du mouvement inspirée d'Aristote).

de l'évidence peut conduire à reconnaître la vérité dans une certaine qualité de la conscience qu'on estime avoir de ce qu'on pense et dans la conviction qui s'ensuit, sans tenir compte de critères plus objectifs, comme la cohérence ou l'organisation des concepts et des propositions. Notre air du temps n'est pas exempt d'une semblable dérive, quand la sincérité d'une pensée (« je te promets, je suis sincère, là ») ou l'« authenticité » avec laquelle elle est formulée sont tenues sans plus de précautions pour des marques suffisantes de sa validité. Le philosophe doit alors rappeler que la sincérité est sans doute une admirable vertu morale, mais qu'elle ne peut se prévaloir d'aucun crédit théorique : un imbécile sincère demeure un imbécile et le fait qu'une sottise soit avancée avec authenticité ne change rien à sa fausseté.

Mais il s'agit là de difficultés qui succèdent à la formulation du *cogito* et du critère de la vérité qui en est tiré, non d'un vice foncier qui le disqualifierait en tant que tel. Tout cela n'obère en rien le trésor philosophique acquis en cette opération fondatrice où apparaissent non seulement la productivité *sui generis* de l'esprit s'apercevant dans son exercice de la capacité de penser qui le définit, mais aussi le rapport particulier que cet esprit entretient alors à la vérité saisie dans sa dimension de présence actuelle. Plus sûrement qu'en définissant la vérité comme « adéquation de la chose et de l'intellect », il y a ici une piste pour interpréter philosophiquement une formule aussi étrange que celle placée dans la bouche de Jésus-Christ par l'Évangile de Jean 14,6 : « Moi je suis [encore un *ego sum* !] la vérité. » Et ce serait, cette fois, trop accorder au pyrrhonien que de laisser complications et débats masquer la victoire remportée contre lui et grâce à lui, en tirant des forces de celles d'un adversaire vaincu sur son propre terrain. Au terme d'une giganto-machie qui a fait date en philosophie, ces pages incandescentes apportent la bonne nouvelle d'une certitude susceptible d'être acquise par tous : la vérité, cela existe, et s'expérimente.

10

Les petits oiseaux et le sexe du *cogito*

Dans la Méditation seconde, aussitôt après avoir, avec le *cogito*, affirmé qu'*il est*, Descartes, en quête de nouvelles vérités, se demande *ce qu'il est*. Sa réponse doit être examinée avec précaution. Je ne suis, explique-t-il, « précisément parlant [*praecise tantum*, en latin] qu'une chose qui pense, c'est-à-dire un esprit, un entendement ou une raison » (AT VII, 27 ; IX, 21). « Précisément » est ici un terme à valeur technique et constitue un faux ami. Il était utilisé par certains médiévaux qui y entendaient le latin *praecidere* (découper, trancher, retrancher) ou *praecisio* (le fait de retrancher, d'abstraire, l'action par laquelle on trie dans les éléments entremêlés du donné de façon à n'en considérer qu'un seul). Pour un lecteur du XVIIe siècle, « je ne suis, précisément parlant, qu'une chose qui pense » signifie donc : je ne suis, abstraitement parlant, en me considérant seulement de façon abstraite, qu'une chose qui pense. Ou encore : dans ce moment métaphysique où les raisons de douter les plus invraisemblables ont été poussées aussi loin que possible pour pouvoir affirmer « Je suis, j'existe », il faut *au minimum* que je sois une chose qui pense. Mais cela n'exclut pas que mon être possède d'autres aspects. On ne doit donc pas comprendre, comme le risque le lecteur ignorant le sens ancien de « précisément » ou comme toute une tradition spiritualiste focalisée sur la seule métaphysique de Descartes, que ce dernier estime que l'être humain se définit, de façon ultime et intégrale, *seulement* comme une « chose qui pense », un pur esprit. Bien au contraire, la suite des *Méditations* expliquera que le « je » qui a dit « je pense » est un « vrai homme » constitué de l'union très étroite d'un esprit et d'un corps. Et, une fois passé le moment métaphysique qui lui a permis de fonder sa philosophie, Descartes n'hésite pas à nous convier à nous livrer sans hésitation aux joies de l'incarnation, comme en témoignent ces recommandations qu'il adressa à son amie la princesse Élisabeth de Bohême après que cette dernière lui eut confié être affectée de pensées « mélancoliques » (c'est-à-dire d'idées dépressives) :

> [...] il se faut entièrement délivrer l'esprit de toutes sortes de pensées tristes, et même aussi de toutes sortes de méditations sérieuses touchant les sciences, et ne s'occuper qu'à imiter ceux qui, en regardant la verdeur d'un bois, les couleurs d'une fleur, le vol d'un oiseau, et telles choses qui ne requièrent aucune attention, *se persuadent qu'ils ne pensent à rien*. Ce qui n'est pas perdre le temps, mais le bien employer[1].

Promenade bucolique, jouissance chromatique, habitation poétique et sensuelle du monde : on est loin ici de l'atmosphère furieusement abstraite et désincarnée qui a présidé aux opérations métaphysiques. Le pur esprit méditatif se comprend désormais « comme un tout » avec ce corps qui fait de lui un « vrai homme », ou encore, dirions-nous aujourd'hui, un être de chair. Et dans cette pleine saisie des joies de l'incarnation, le philosophe qui a tant peiné à s'apercevoir et à se définir, métaphysiquement parlant et dans le *cogito*, comme une « chose qui pense » propose, en une sorte de paradoxal mouvement d'autosuppression,

1. Lettre à Élisabeth de Bohême de mai ou juin 1645, AT IV, 220 (c'est moi qui souligne). Avec un indéniable bon sens, Descartes ajoute un peu plus bas que « ce n'est pas tant la théorie que la pratique qui est difficile en ceci ».

qu'on « se persuade de ne penser à rien » : il n'y a pas que la métaphysique dans la vie !

« Je suis donc, précisément parlant, une chose qui pense » : cette affirmation rencontrée lors du moment métaphysique des *Méditations* a donné lieu dans la génération qui a suivi Descartes a un débat qui recoupe d'intéressante façon certaines de nos préoccupations contemporaines. Spontanément, nous avons en effet tendance à estimer que le « je » qui dit « je pense » est un homme (René Descartes), et que lorsque la princesse Élisabeth « performe » à son tour le *cogito* l'opération est accomplie par une femme. Cette évidence est remise en question par un disciple de Descartes aujourd'hui un peu oublié, François Poulain de la Barre (1647-1723), que Simone de Beauvoir citait au tout début du *Deuxième Sexe* (1949) et qui est, notamment outre-Atlantique, considéré comme un des fondateurs du féminisme. S'appuyant sur le strict dualisme des substances esprit-corps prôné par Descartes, Poulain de la Barre affirme, en une proposition assez fulgurante, que « l'esprit n'a point de sexe[1] »

1. François Poulain de la Barre, *De l'égalité des deux sexes* (1673), Paris, Vrin, 2011, p. 99. On lira avec profit la belle introduction de Marie-Frédérique Pellegrin à cette édition qui réunit en un volume les textes de Poulain.

et, dans un contexte intellectuel où l'esprit a plus d'importance que le corps, il en tire argument pour défendre une idée qui était loin d'aller de soi au XVIIe siècle : l'égalité fondamentale des hommes et des femmes.

L'esprit n'a point de sexe. Faut-il comprendre que la pensée pure, considérée abstraitement comme déliée du corps où elle s'incarne, serait *non genrée* ? Que la différence sexuelle provient des seules dimensions organiques de nos êtres ? Ou bien encore : l'esprit peut-il avoir un genre qui ne correspond pas à son sexe biologique ? Formuler ces interrogations depuis le point de vue du *cogito* et à l'aide des outils intellectuels fournis par la philosophie cartésienne peut contribuer à enrichir nos actuels débats sur les questions de genre.

11

Dieu et moi

Ego sum, ego existo : « Moi je suis, moi j'existe. » Cette formulation du *cogito* proposée par les *Méditations métaphysiques* invite à un rapprochement qui devait sauter aux yeux des contemporains de Descartes, lecteurs assidus de la traduction latine de la Bible réalisée par saint Jérôme à la fin du IVe siècle (la Vulgate). Dans cette version de la Bible, au Livre de l'Exode (3,14), lorsque Moïse rencontre Dieu sur la montagne de l'Horeb et lui demande quel est son nom, Dieu répond de façon mystérieuse et difficilement traduisible en français : *Ego sum qui sum*, c'est-à-dire « Je suis celui qui est », « Je suis celui qui suis », ou bien encore « Moi je suis qui je suis » – cette dernière traduction suggérant que l'exaspération a peut-être saisi l'Éternel confronté aux questions répétées de Moïse[1]. Plus tard, si l'on en croit l'Évangile de Jean (8,24, 28 et 58), Jésus-Christ expliqua qu'une des façons de le désigner, lui, fils de Dieu, était : « Je suis » (*Ego sum*). Et plus tard encore, entreprenant de rebâtir en six méditations un savoir saccagé par le doute, à la façon dont selon la Genèse Dieu tira en six jours le monde du chaos, Descartes se met à parler comme Dieu et proclame à son tour : *Ego sum (ego existo)*. Faut-il y voir une manière de clin d'œil par lequel l'auteur des *Méditations*, qui s'est toujours dit catholique, signifierait son adhésion au christianisme ? Ou bien la provocation d'un penseur athée qui pousse le refus de Dieu jusqu'à le dépouiller de son nom ? Ou bien encore le défi d'un philosophe sûr de lui et de sa valeur, qui décide de se présenter en concurrent de Dieu ? Dans tous les cas, le télescopage des formules biblique et cartésienne soulève de façon aiguë une des interrogations fondamentales de la modernité, qui court de la troisième à la cinquième Méditation : en quoi ne suis-je pas Dieu, ou en quoi

1. Durant la pandémie de Covid-19, certains érudits non dénués d'audace ont émis l'hypothèse que l'Éternel, de façon prophétique autant que géniale, aurait en fait affirmé : *Ego sum qui zoome*, « Je suis celui qui zoome ». Le point demeure controversé.

cette chose ou cette idée qu'on appelle « Dieu » est-elle fondamentalement différente de moi ?

À cette question, on peut d'abord donner une réponse orgueilleuse, qui fait fond sur une divinisation de l'humain. Le « je » qui dit « je suis » symbolise l'émergence d'une figure moderne de la subjectivité se parant de façon triomphale des attributs et fonctions qui étaient ceux de Dieu en des temps désormais révolus : comme ce Dieu, l'être humain constitue ce qu'il y a de plus important et de meilleur dans l'univers ; comme ce Dieu, l'être humain est une valeur « en soi », ou « pour lui-même », ce qui justifie une position de type individualiste ; comme ce Dieu enfin, l'être humain est appelé à dominer, transformer et aménager une nature dont il se considère désormais, selon la célèbre et prométhéenne formule de la Sixième partie du *Discours de la méthode*, « comme maître et possesseur ». Cette vision « humaniste » (au sens où elle met l'*humain* au centre et lui assigne une place particulière d'être dominant) du monde a longtemps été conçue comme la conséquence positive et la justification du formidable développement de la technique rendu possible par la nouvelle physique de Galilée et Descartes. Mais nous savons dorénavant que l'humanisme ainsi compris était un rêve, c'est-à-dire que nous ne sommes pas des dieux : massacres, génocides, actes de barbarie attestent que l'inhumain hante notre humanité ; la technique a certes contribué à améliorer nos vies, mais elle a aussi rendu possibles Auschwitz et Hiroshima, et conduit au saccage de la planète et au dérèglement de son climat[1].

Une seconde réponse, plus humble et désenchantée, explique que si « je » suis bien en quelque façon « Dieu », ce n'est pas parce que mon humanité peut se prévaloir des attributs traditionnels de la divinité. C'est au contraire parce que l'idée classique de Dieu n'est que celle de

1. Toute légitime que soit la critique des dérives et outrances de l'hypertechnicisation de notre rapport contemporain au monde, on n'oubliera pas à quel point, avant que la « nouvelle science » fondée par Galilée et Descartes produise ses fruits, l'existence standard des humains était incomparablement plus difficile et douloureuse qu'elle ne l'est aujourd'hui : en France, au XVIIe siècle, deux enfants sur trois n'atteignent pas l'âge adulte, l'espérance de vie à la naissance est d'une vingtaine d'années, à quarante ans on est un vieillard, les épidémies très mortelles (variole), les maladies qu'on sait aujourd'hui guérir (par exemple la pneumonie, dont mourut Descartes) et la famine frappent régulièrement. Et quand on a mal à une dent, on attend stoïquement que la douleur devienne insupportable, puis l'on va chez le « barbier » qui l'arrache à la pince, et sans anesthésie… On comprend dans ces conditions que Descartes ait jugé souhaitable le développement de la technique, et spécialement de la médecine, pour rendre le monde plus habitable aux humains – et il faut se réjouir qu'il ait été exaucé.

l'homme poussée à ses limites idéales. C'est la thèse de Feuerbach dans *L'Essence du christianisme*, et celle qui voit dans notre représentation de Dieu un anthropomorphisme. Rien d'étonnant alors à ce que Dieu, comme moi, dise « je suis », puisqu'il n'est au fond rien d'autre que moi.

Descartes quant à lui s'efforce de distinguer l'idée de Dieu, entendu comme « substance infinie » ou « parfaite », de celle que j'ai de moi-même comme chose qui pense finie, limitée. Il estime aussi que la première idée est si vaste et saturée de perfections de tous ordres qu'elle ne peut provenir de la seconde, mais seulement d'une substance infinie existant réellement. Cela lui fournit un argument en faveur de l'existence de Dieu exposé dans la Méditation troisième : Robinson sur son île se croit seul jusqu'au jour où il rencontre une trace de pas sur le sable, qui indique la présence de quelqu'un d'autre ; passant en revue ses idées, la chose qui pense qui a dit *cogito* et pouvait, métaphysiquement parlant, se croire seule au monde découvre que l'une de ses idées au moins fait signe vers quelque chose d'autre qu'elle. C'est l'occasion de comprendre que, si puissant et autoaffirmatif soit-il, le « je » qui dit *cogito* ne s'est pas posé lui-même dans l'être (n'est pas *causa sui*, cause de soi) mais s'expérimente, à tous les instants de sa vie, comme l'effet d'une altérité qui le produit. En un texte étonnant, Descartes va jusqu'à affirmer que ce déverrouillage de la subjectivité un temps enfermée dans un pur face-à-face méditatif avec elle-même, cette découverte par la chose qui pense de sa dépendance métaphysique et la contemplation de l'idée de cet être tout parfait qui la produit, nous procurent dès à présent « le plus grand contentement que nous soyons capables de ressentir en cette vie », comme une anticipation de la vision béatifique de Dieu que la foi chrétienne promet aux élus pour l'autre vie (fin de la Méditation troisième, AT IX, 41-42). Où l'on voit que le « grand moment de solitude » et la mise entre parenthèses de la réalité du monde de la Première Méditation ne conduisent aucunement à la thèse solipsiste qui stipulerait que le moi est, métaphysiquement, seul au monde. Tout au contraire, l'existence de l'autre (et même ici : l'Autre) est la condition de possibilité de la façon dont ce qui a dit *cogito* cogite.

Le *cogito* ne confère donc pas seulement à la pensée la fixité d'un point d'appui inébranlable. En le méditant, on est aussi ballotté entre l'homme et Dieu, et pris dans un mouvement de balance analogue à celui que Pascal entendait mettre en œuvre dans ses *Pensées* (Lafuma, 130) :

« S'il [l'être humain] se vante, je l'abaisse ; s'il s'abaisse, je le vante ; et je le contredis toujours, jusqu'à ce qu'il comprenne qu'il est un monstre incompréhensible. » Pour retrouver la stabilité dans ce va-et-vient, il est tentant de déterminer un juste milieu, un point d'équilibre, c'est-à-dire de concevoir un individu qui ne serait ni l'homme divinisé de l'humanisme ni le Dieu humanisé de l'anthropomorphisme, mais à la fois pleinement homme et pleinement Dieu : le Christ, tel que le définit la religion chrétienne. Je ne suis pas sûr que cela aurait enchanté Descartes, mais réfléchir à son « Je suis, j'existe » me conduit ainsi à penser au Christ, ce point de rencontre de l'humanité et de la divinité qui pourrait assumer complètement les deux « je suis ». Et j'aperçois aussi que, philosophiquement parlant, et quoi qu'on pense de l'existence de Jésus comme personnage historique ou des développements dogmatiques qui ont marqué l'histoire du christianisme, le concept du Christ, homme-Dieu, est une grande et belle idée.

Enfin, on mesure ici l'écart entre les deux principales formulations du *cogito* : le lapidaire « Je suis, j'existe » des *Méditations*, qui traduit l'évidence d'une aperception unique et instantanée (ce que Descartes, dans les *Règles pour la direction de l'esprit*, appelle une intuition, l'aperception d'une vérité en un « clin d'œil » – c'est un des sens du latin *intuitus* – de l'esprit), et l'énoncé de type déductif « Je pense, donc je suis ». Non seulement le « je pense » complète le « je suis », mais il en modifie la portée, en inscrivant cette affirmation dans la durée d'une réflexion, la discursivité d'une déduction. Dieu (qu'il existe ou qu'il soit un fantasme, le rêve de notre perfection) et moi pouvons certes dire d'une même voix : « Je suis. » Mais quiconque a un jour essayé de penser sérieusement, en refusant le prêt-à-penser des préjugés et solutions toutes faites, en ne pensant pas comme les gens pressés, les bons esprits donneurs de leçons, les dogmatiques engoncés dans leurs certitudes commodes, quiconque s'est efforcé de penser vraiment, donc, sait que c'est une activité difficile, lente, pleine de pièges, d'échecs et de déceptions, qui exige patience, ténacité, humilité. Pour le dire autrement : plus je pense, et plus j'expérimente que je ne suis pas un dieu. Dieu, lui, s'il existe, ne *pense* pas : il tonne, il inscrit son activité mentale dans le pur instant d'une fulgurance éternelle et parfaite ; il dit, il veut, et aussitôt les choses sont. Moi, je pense, donc je suis autre chose que Dieu.

En une occasion toutefois, Descartes, se départant de son habituelle réserve quant aux sujets de théologie, tisse un lien supplémentaire entre le *cogito* et ce qui touche à la divinité. Dans une lettre probablement adressée au marquis de Newcastle en mars ou avril 1648[1], il réfléchit à nouveau, mais cette fois de façon développée, à ce que sera la « béatitude » promise aux élus. Très classiquement, au nom de l'argument « plus ce que nous contemplons est aimable et parfait, plus nous sommes heureux ; or Dieu est ce qu'il y a de plus aimable et parfait ; donc la vision de Dieu nous rend souverainement heureux », il explique que la béatitude consiste à connaître Dieu, mais par un type de connaissance bien particulier, qu'il nomme « intuitive », une « impression directe de la clarté divine sur notre entendement », une « lumière pure, constante, claire, certaine, sans peine ». Il différencie cette connaissance de celles, plus fragiles et laborieusement acquises, que nous avons habituellement, qui « descendent du raisonnement et du progrès de notre discours », sont toujours menacées par les « ténèbres » et « l'incertitude que nous éprouvons en tous nos raisonnements ». De sorte qu'en cette vie nous

1. AT V, 133-139, lettre d'où sont tirées toutes les citations suivantes.

ne pouvons, sauf par un « miracle », faire l'expérience de cette connaissance intuitive que le christianisme nous promet pour l'autre.

À une exception près. Dès cette vie nous avons, explique en effet Descartes, une « preuve de la capacité de nos âmes à recevoir de Dieu une connaissance intuitive » : c'est... le *cogito*.

Tel est donc le « miracle » du *cogito* : quand nous pensons « Je suis, j'existe », nos existences prennent, l'espace d'un instant et comme le disait jadis le slogan publicitaire vantant une célèbre barre chocolatée à la noix de coco, *un goût de paradis* !

12

C'est déjà ça

Le temps défait tout. Il mine, sape, use et enfin détruit. Et le sceptique finira toujours par avoir raison, comme le plus vigoureux des corps n'échappera pas à l'affaiblissement, la décrépitude et la mort. Nous pressentons en ce sens que, après le moment triomphal du *cogito*, les choses doivent immanquablement se gâter, sur tous les plans.

Bien sûr, le beau projet cartésien d'étendre la certitude inébranlable du « Je pense, donc je suis » à d'autres énoncés philosophiques, voire à l'ensemble de la philosophie, fut un échec.

Bien sûr, le *cogito* lui-même n'échappe point aux critiques. Et, de fait, elles furent et demeurent nombreuses (face à cet étonnant amas de gloses, de commentaires, de critiques, d'objections de toutes sortes, on ne sait s'il faut se réjouir de l'incroyable fécondité de ces quelques mots ou déplorer l'inévitable affadissement de la parole originelle au fur et à mesure des reprises, à la manière dont le son s'affaiblit chaque fois que l'écho le répercute). N'accorde-t-on pas ici trop d'importance à la pensée, dans la mesure où on pourrait semble-t-il obtenir des résultats équivalents avec une multitude d'autres énoncés, par exemple *Ambulo ergo sum*, « Je me promène, donc je suis » (Pierre Gassendi, un contemporain de Descartes), ou « Je pense et des choses diverses sont pensées par moi » (Leibniz) ? Le *cogito* ne bloque-t-il pas la réflexion sur le « moi » plus qu'il ne la libère, puisque je constate vite qu'il est difficile de déterminer clairement la nature de ce « je » dont j'affirme l'existence (Malebranche, Kant) ? Ne passe-t-on pas trop vite du « sujet » comme fonction grammaticale au « sujet » entendu comme individu, support de cette action de penser (Nietzsche) ? S'il est vrai que « Je est un autre » (Rimbaud), suis-je assuré que le « je » qui dit « je pense » est le même que celui qui « est », c'est-à-dire que la conscience que j'ai de moi comme pensant est identique à ce que je suis, et dont je n'ai pas forcément conscience (le psychanalyste Jacques Lacan)[1] ? Etc.

1. Pour Gassendi, voir les *Réponses aux Cinquièmes Objections*, AT VII, 352. De Leibniz, *Remarques sur la partie*

Bien sûr, d'un point de vue rétrospectif, on a aussi diagnostiqué dans ce triomphe de l'*ego sum* les prémices d'un individualisme ou des hypertrophies d'un *moi je* qu'il est devenu courant de déplorer. Cette hypothèse généalogique a même, aujourd'hui, une allure de banalité où un cartésien suspectera quelque préjugé participant aux nombreuses opérations de *Descartes bashing* dans lesquelles notre modernité excelle[1]. Ce préjugé est rectifié par les textes où Descartes s'exprime moins en métaphysicien qu'en théoricien de la morale. On y saisit en effet que le « grand moment de solitude » de celui qui médite pour accomplir la métaphysique est une posture artificielle, adoptée de manière délibérément

générale des Principes de Descartes, sur l'article 7. De Malebranche, *De la recherche de la vérité*, III, II, 7, § 4. De Kant, *Critique de la raison pure, Dialectique transcendantale*, II, chap. 1. De Nietzsche, *Par-delà le bien et le mal*, § 16 ; *La Volonté de puissance*, t. I, livre I, § 98. De Rimbaud, lettre à Paul Demeny du 15 mai 1871. De Lacan, *Écrits I*, Paris, Seuil, 1999, p. 514-515 ; *Écrits II*, Paris, Seuil, 1999, p. 290, 311, 345 ; *Le Séminaire*, t. XI, *Les Quatre Concepts fondamentaux de la psychanalyse*, Paris, Seuil, coll. « Points Essais », 1990, p. 44-45.

1. Pour une rectification à la fois abordable et informée des nombreux clichés dont est victime la pensée de Descartes (« les sens nous trompent », « nous avons tous les droits sur les animaux », « la raison doit se passer d'émotions », etc.), voir Denis Kambouchner, *Descartes n'a pas dit*, Paris, Les Belles Lettres, 2015.

transitoire, et non une façon définitive d'appréhender l'existence ordinaire. On y voit aussi que le « subjectivisme » cartésien n'a guère de rapport avec l'individualisme contemporain, et que ce n'est pas parce qu'on affirme son existence à la première personne du singulier qu'on se conçoit *ipso facto* comme le centre du monde :

> [...] il y a encore une vérité dont la connaissance me semble fort utile : qui est que, bien que chacun de nous soit une personne séparée des autres, et dont, par conséquent, les intérêts sont en quelque façon distincts de ceux du reste du monde, on doit toutefois penser qu'on ne saurait subsister seul, et qu'on est, en effet, l'une des parties de l'univers, et plus particulièrement encore l'une des parties de cette terre, l'une des parties de cet État, de cette société, de cette famille, à laquelle on est joint par sa demeure, par son serment, par sa naissance. Et il faut toujours préférer les intérêts du tout, dont on est partie, à ceux de sa personne en particulier ; toutefois avec mesure et discrétion. [...] Si on rapportait tout à soi-même, on ne craindrait pas de nuire beaucoup aux autres hommes, lorsqu'on croirait en retirer quelque petite commodité, et on n'aurait aucune vraie amitié, ni aucune fidélité, ni généralement aucune vertu ; au lieu qu'en se

> considérant comme une partie du public, on prend plaisir à faire du bien à tout le monde, et même on ne craint pas d'exposer sa vie pour le service d'autrui, lorsque l'occasion s'en présente.

> [Envisageant l'immensité du cosmos] nous pouvons dire que toutes les choses créées sont faites pour nous en tant que nous pouvons en tirer quelque usage, [mais] je ne sache point néanmoins que nous soyons obligés de croire que l'homme soit [le but] de la création. [...] Et bien que je n'infère point pour cela qu'il y ait des créatures intelligentes dans les étoiles ou ailleurs, je ne vois pas aussi qu'il y ait aucune raison par laquelle on puisse prouver qu'il n'y en a point[1].

Bien sûr, nous ne sommes plus cartésiens, nous pour qui le discours philosophique et métaphysique est, au mieux, probable et le plus souvent de l'ordre de la conjecture peu ou mal assurée. La certitude absolue, inattaquable, nous l'attribuons plutôt aux énoncés des sciences dites exactes, en oubliant néanmoins au passage qu'une des principales caractéristiques de la science, c'est que *ça change tout le temps* – on appelle cela le

1. Respectivement : Descartes, lettre à Élisabeth de Bohême du 15 septembre 1645, AT IV, 292-293 ; et lettre à Chanut du 6 juin 1647, AT V, 53-55.

progrès. Pis encore, quand un scientifique, ou un cartésien, nous parle de vérité et de certitude, la tentation est grande de le rembarrer d'une série d'interrogations soupçonneuses : après tout, la vérité, à quoi cela sert-il ? La prétention à la posséder n'est-elle pas au principe de toutes les dérives dogmatiques, et des violences qu'elles engendrent ? Et quels désirs inavoués cette quête éperdue de certitude cache-t-elle ?

Bien sûr.

Il reste que la grandeur de Descartes est de nous avoir légué cet énoncé qui résiste, provoque, énerve et suscite la réflexion depuis bientôt quatre cents années. « Je pense, donc je suis. » C'est vrai chaque fois que je le dis. Et quand je ne le dis plus ? Je ne sais trop. Mais Descartes n'a-t-il pas échoué dans son projet de trouver d'autres énoncés aussi certains que celui-là ? Assurément. Et les sceptiques ricanent ? Cela n'a rien d'étonnant. Mais je pense, donc je suis, cela est vrai. C'est certes peu de chose. Mais après tout, c'est déjà ça.

13

Envoi

« Nous avons une impuissance de prouver, invincible à tout le dogmatisme. Nous avons une idée de la vérité, invincible à tout le pyrrhonisme » (Pascal, *Pensées*, Lafuma, 406). Descartes infirme la première partie de cette pensée pascalienne, et donne, comme personne avant lui, un contenu à la seconde. Il montre ainsi qu'une certaine conception classique de la philosophie conçue comme *recherche de la vérité* n'est pas vaine ou à tous égards insensée. Aux inévitables heures de doute, d'inquiétude et de fatigue, quand le découragement intellectuel saisit ou accable, lorsque tentent les séductions et facilités toujours renaissantes du scepticisme, ceux qu'intéresse encore cette conception pourront donc relire les deux premières Méditations pour y puiser réconfort et confiance, et, rassérénés, se remettre au travail.

Mais il faut avouer que la vie de l'homme est sujette à se tromper fort souvent dans les choses particulières ; et enfin il faut reconnaître l'infirmité et la faiblesse de notre nature[1].

1. Dernière phrase des *Méditations métaphysiques* (AT IX, 72).

Indications bibliographiques

La littérature de tous ordres consacrée à Descartes en général et au *cogito* en particulier est presque comme la descendance d'Abraham selon la Genèse (22,17), « aussi nombreuse que les étoiles du ciel et que le sable au bord de la mer ». La présente bibliographie se limite à une sélection d'ouvrages qui peuvent permettre de prolonger et d'approfondir les pistes de réflexion esquissées dans ce petit livre.

1. Œuvres de Descartes

Œuvres, Charles Adam et Paul Tannery (éd.), 11 tomes en 13 volumes, Paris, Léopold Cerf, 1897-1913 ; nouvelle présentation par Bernard Rochot et Pierre Costabel, Paris, Vrin-CNRS, 1964-1974 ; édition reprise en 11 volumes au format de poche, Paris, Vrin, 1996.

Œuvres complètes, Jean-Marie Beyssade et Denis Kambouchner (dir.), en cours de publication dans la collection « Tel » aux éditions Gallimard (huit volumes prévus, quatre parus, dont le *Discours de la méthode*, t. III, et les *Méditations métaphysiques*, t. IV-1 et IV-2).

Œuvres philosophiques de Descartes, F. Alquié (éd.), 3 vol., Paris, Garnier, 1963-1973 ; réédition revue et corrigée, Paris, Classiques Garnier, 2010.

Par ailleurs, les grands textes de Descartes sont pour la plupart parus en collections de poche, qui indiquent généralement la pagination de l'édition Adam et Tannery.

2. Biographies de Descartes

BAILLET, Adrien, *La Vie de Monsieur Descartes*, 2 vol., Paris, Daniel Horthemels, 1691 ; réimpression New York, Olms, 1972 ; réédition par Annie Bitbol-Hespériès, Paris, Les Belles Lettres, coll. « Encre marine », 2022.

GAUKROGER, Stephen, *Descartes. An Intellectual Biography*, Oxford, Clarendon Press, 1995.

RODIS-LEWIS, Geneviève, *Descartes*, Paris, Calmann-Lévy, 1995.

SACY, Samuel S. de, *Descartes*, Paris, Seuil, coll. « Écrivains de toujours », 1956 ; rééd. 1996.

3. Ouvrages d'introduction à la pensée de Descartes

BUZON, Frédéric de, et KAMBOUCHNER, Denis, *Vocabulaire de Descartes*, Paris, Ellipses, 2002.

DEVILLAIRS, Laurence, *René Descartes*, Paris, PUF, coll. « Que sais-je ? », 2013.

GUENANCIA, Pierre, *Lire Descartes*, Paris, Gallimard, coll. « Folio essais », 2000.

KAMBOUCHNER, Denis, *Descartes n'a pas dit*, Paris, Les Belles Lettres, 2015.

MOREAU, Denis, *La Philosophie de Descartes. Repères*, Paris, Vrin, 2016.

NADLER, Steven, *The Philosopher, the Priest, and the Painter. A Portrait of Descartes*, Princeton, Princeton University Press, 2013.

RODIS-LEWIS, Geneviève, *Descartes et le rationalisme*, Paris, PUF, coll. « Que sais-je ? », 1966.

4. Ouvrages plus spécialisés

BEYSSADE, Jean-Marie, *La Philosophie première de Descartes*, Paris, Flammarion, 1979 ; rééd. Paris, Aubier, 2017.

COLLECTIF, *The Cambridge Companion to Descartes*, John Cottingham (éd.), Cambridge, Cambridge University Press, 1992.

Collectif, *Lectures de Descartes*, Élodie Cassan, Frédéric de Buzon et Denis Kambouchner (dir.), Paris, Ellipses, 2015.

Collectif, *The Cambridge Descartes Lexicon*, Lawrence Nolan (éd.), Cambridge, Cambridge University Press, 2016.

Garber, Daniel *Descartes' Metaphysical Physics*, Chicago, The University of Chicago Press, 1992 (traduction française par Stéphane Bornhausen : *La Physique métaphysique de Descartes*, Paris, PUF, 1999).

Gouhier, Henri, *La Pensée métaphysique de Descartes*, Paris, Vrin, 1962 (nombreuses rééditions).

Laporte, Jean, *Le Rationalisme de Descartes*, Paris, PUF, 1945, 3e éd., 1988.

Moreau, Denis, *Dans le milieu d'une forêt. Essai sur Descartes et le sens de la vie*, Paris, Bayard, 2012.

Rodis-Lewis, Geneviève, *La Morale de Descartes*, Paris, PUF, 1957 (nombreuses rééditions).

5. Ouvrages et articles consacrés plus spécialement au *cogito*

Balibar, Étienne, « "*Ego sum, ego existo.*" Descartes au point d'hérésie », *Bulletin de la Société française de philosophie*, 86, 3, 1992, p. 81-83.

BLANCHET, Léon, *Les Antécédents historiques du « Je pense, donc je suis »*, Paris, Alcan, 1920 ; réimp. Paris, Vrin, 1985.

BOURGEOIS-GIRONDE, Sacha, *Reconstruction analytique du cogito*, Paris, Vrin, 2001.

HINTIKKA, Jaakko, « *Cogito, ergo sum* : Inference or Performance ? », *Philosophical Review*, 71 (1), 1962, p. 3-32 ; traduction française par Pierre Le Quellec-Wolff : « *Cogito, ergo sum*, inférence ou performance ? », *Philosophie*, n° 6, 1985, p. 21-51.

LACAN, Jacques, « L'instance de la lettre dans l'inconscient », in *Écrits I*, Paris, Seuil, coll. « Points Essais », 1999, p. 490-526 ; « La science et la vérité », in *Écrits II*, Paris, Seuil, coll. « Points Essais », 1999, p. 335-358.

NANCY, Jean-Luc, *Ego sum*, Paris, Flammarion, 1979.

RICŒUR, Paul, *Soi-même comme un autre*, Paris, Seuil, 1990.

Repères historico-biographiques

1553 : mort de Rabelais. **1562** : en France, début des guerres de Religion entre catholiques et protestants. **1564** : mort de Michel-Ange. **1588** : naissance de Hobbes. **1589** : Henri IV devient roi de France. **1592** : mort de Montaigne. **1593** : naissance du peintre Georges de La Tour. **1594** : naissance du peintre Nicolas Poussin. **1598** : édit de Nantes (les protestants sont tolérés en France ; fin des guerres de Religion).

1596
Le 31 mars, naissance de René Descartes à La Haye (aujourd'hui Descartes, dans le département d'Indre-et-Loire). Son père, Joachim Descartes, est conseiller au Parlement de Bretagne. Sa mère meurt en 1597. Descartes est élevé par sa grand-mère et une nourrice.

1600 : Giordano Bruno est brûlé à Rome. **1603** : *Hamlet* de Shakespeare. **1605** : *Don Quichotte* de Cervantes. **1606** : naissance de Corneille. **1610** : assassinat d'Henri IV par Ravaillac, Louis XIII devient roi. **1616** : première condamnation de Galilée. **1619** : Vanini est brûlé à Toulouse.

1607-1615 (dates discutées)
Descartes suit le cours complet des études au Collège des Jésuites à La Flèche (près du Mans), fondé par Henri IV en 1604. Remarqué par ses maîtres et de santé fragile, il y bénéficie d'un régime de faveur (emploi du temps aménagé, leçons particulières).

1616
Descartes obtient le baccalauréat et la licence en droit à l'université de Poitiers.

1618
Descartes choisit la carrière militaire et part en Hollande (à l'époque les « Provinces-Unies »). Il rejoint l'armée de Maurice de Nassau.

1619
Descartes quitte la Hollande. Voyage au Danemark, puis en Allemagne, où la guerre de 30 Ans a éclaté. Il rejoint l'armée du duc de Bavière.
Au début de l'hiver, il séjourne dans un « poêle » (une chambre bien chauffée) près de la ville d'Ulm. Le 10 novembre, il « commence à comprendre » les « fondements d'une science admirable », et fait dans

la nuit qui suit trois songes relatés dans le texte appelé *Olympiques*.

1621 : naissance de La Fontaine. **1622** : naissance de Molière ; Richelieu devient cardinal. **1623** : naissance de Pascal. **1624** : Richelieu est nommé ministre de Louis XIII ; William Harvey élucide le mécanisme de la circulation sanguine. **1626** : naissance de Madame de Sévigné.

1620-1625

Le détail de la vie de Descartes dans ces années est mal connu. Il voyage, en France et en Italie. Il travaille à des questions d'optique et de mathématique. Il rédige un ouvrage intitulé *Studium bonae mentis* (*Exercice du bon sens*) et un *Art de l'escrime*, qui n'ont pas été conservés.

1625-1627

Séjour à Paris. Descartes fréquente des écrivains (Guez de Balzac), des scientifiques (Mersenne, Mydorge), des théologiens (Gibieuf).

1627-1628

Date probable du commencement de la rédaction des *Règles pour la direction de l'esprit*, qui resteront inachevées.

1628-1629

Descartes est en Allemagne, puis aux Provinces-Unies, où il restera jusqu'en 1649 à l'exception de quelques voyages en France. Rédaction d'un *Traité de métaphysique*, perdu.

1632 : naissance de Spinoza ; naissance du musicien Lully ; Rembrandt peint *La Leçon d'anatomie* ; Galilée publie le *Dialogue sur les deux grands systèmes du monde*. **1636** : Corneille publie *Le Cid*. **1638** : naissance du futur Louis XIV ; naissance de Malebranche. **1639** : naissance de Racine.

1630-1632

Descartes effectue diverses recherches en optique (taille de verres), anatomie (dissections), mécanique, mathématiques (solution générale du problème de Pappus). Il entreprend de constituer une physique qui deviendra *Le Monde*, dont il commence la rédaction en 1632.

1633

Seconde condamnation de Galilée à Rome. Descartes l'apprend en novembre et renonce à la publication du *Monde*. Il vient habiter à Amsterdam, où il restera jusqu'en 1635.

1635
Naissance de Francine, le seul enfant de Descartes, dont la mère est une servante, Hélène Jans.

1637
En juin, parution sans nom d'auteur du *Discours de la méthode* et des *Essais*.

1640 : publication de l'*Augustinus* de Jansénius. **1642** : mort de Richelieu ; naissance de Newton. **1643** : mort de Louis XIII, Louis XIV devient roi de France à cinq ans, sa mère Anne d'Autriche et Mazarin l'assistent. **1644** : Torricelli invente le baromètre. **1648** : début de la Fronde, révolte d'une partie de la noblesse française contre Mazarin, qui s'achèvera en 1653.

1640
Francine meurt en septembre et le père de Descartes en octobre.

1641
Publication (en latin) des *Méditations métaphysiques*, avec six séries d'« Objections » et les « Réponses » de Descartes.

1643
Début de la correspondance entre Descartes et la princesse Élisabeth de Bohême.

1644

Séjour de Descartes en France. Publication, en latin, des *Principes de la philosophie*.

1647

Publication de la traduction française des *Méditations métaphysiques* et des *Principes de la philosophie*. Nouveau séjour de Descartes en France, où il rencontre Pascal. Début de sa correspondance avec la reine Christine de Suède.

1649

À l'invitation de Christine de Suède, Descartes part pour Stockholm, où il donne des leçons de philosophie à la reine. Publication des *Passions de l'âme*.

1650

Descartes meurt le 11 février à Stockholm d'une pneumonie.

De nombreux inédits trouvés dans ses papiers seront publiés à titre posthume.

Table

Du même auteur

OUVRAGES

Deux Cartésiens.
La polémique Arnauld – Malebranche
Vrin, 1999

Malebranche
Vrin, 2004

Activité physique et Exercices spirituels.
(avec Pascal Taranto)
Essais de philosophie du sport
Vrin, 2008

Foi en Dieu et Raison. Théodicées.
Deux essais de philosophie de la religion
Cécile Defaut, 2009

Les Voies du salut. Un essai philosophique
Bayard, 2010

Dans le milieu d'une forêt.
Essai sur Descartes et le sens de la vie
Bayard, 2012

Dans l'ombre d'Adam
L'Œuvre, 2013

Dictionnaire des monothéismes
(avec Cyrille Michon)
Seuil, 2013

Pour la vie ? Court traité du mariage et des séparations
Seuil, 2014, et « Points » n° 315, 2018

La Philosophie de Descartes. Repères
Vrin, 2016

Mort, où est ta victoire ?
(*Les Voies du salut*, II)
Bayard, 2017

Comment peut-on être catholique ?
Seuil, 2018, et « Points Sagesses » n° 326, 2020

Nul n'est prophète en son pays.
Ces paroles d'Évangiles aux origines
de nos formules familières
Seuil, 2019, et « Points Sagesses » n° 333, 2020

Y a-t-il une philosophie chrétienne ? Trois essais
Seuil, « Points Sagesses » n° 322, 2019

Nouvelles Recherches sur « La Recherche de la vérité »
(avec Vincent Carraud et Jean-Christophe Bardout)
Vrin, 2020

Résurrections. Traverser les nuits de nos vies
Seuil, 2022, et « Points Sagesses » n° 334, 2023

Plus loin que l'actualité.
Philosopher jour après jour
DDB, 2022

ÉDITIONS ET TRADUCTIONS

Lettre-préface des *Principes de la philosophie*
de Descartes
GF, 1996

Livre IV de la *Somme contre les gentils*
de Thomas d'Aquin (traduction du latin)
GF, 1999

Discours de la méthode de Descartes
Le Livre de Poche, 2000

Textes philosophiques d'Antoine Arnauld
(traduction du latin)
PUF, 2001

Œuvres d'Antoine Arnauld, Thoemmes Press
(avec Elmar J. Kremer)
6 volumes, 2003

Principes de la philosophie de Descartes
(traduction du latin)
Vrin, 2009

Vraies et Fausses Idées d'Antoine Arnauld
Vrin, 2011

Entretiens sur la métaphysique et sur la religion
de Nicolas Malebranche
(avec Marion Le Roux-Michaud)
Vrin, 2017

Discours de la méthode de Descartes
texte original et version en français contemporain
(avec Paul Clavier)
Dunod, 2023

RÉALISATION : NORD COMPO À VILLENEUVE-D'ASCQ
IMPRESSION : NORMANDIE ROTO S.A.S. À LONRAI
DÉPÔT LÉGAL : SEPTEMBRE 2023. N° 149893 (2302666)
IMPRIMÉ EN FRANCE